QUESTION D'ALGER

EN 1844.

QUESTION

D'ALGER EN 1844;

PRÉCÉDÉE

D'UN PRÉCIS DE LA DOMINATION ROMAINE

DANS LE NORD DE L'AFRIQUE

ET SUIVIE

D'UN APPENDICE

SUR LE COMMERCE DE L'ALGÉRIE AVEC L'AFRIQUE CENTRALE

PAR

P. MAUROY.

« Je ne croyais pas qu'on pût réaliser de
» pareils résultats en aussi peu de temps... »

(M. Gustave de Beaumont.)

TROISIÈME ÉDITION
REVUE ET CORRIGÉE.

PARIS,

M. WAILLE, LIBRAIRE-ÉDITEUR,
rue Cassette, n. 6.

AOUT 1844.

PARIS. — IMPRIMERIE DE J.-B. GROS,
rue du Foin-St-Jacques, 18 .

AVANT-PROPOS.

En écrivant ce court précis, l'auteur n'a pas voulu faire une brochure politique : il a voulu seulement raconter. Amené par l'étude de l'histoire à rechercher comment Rome était parvenue à la conquête de l'Afrique septentrionale, il avait remarqué que cette conquête avait été laborieuse et lente : il en avait conclu que la France, rencontrant les mêmes obstacles, aurait à s'imposer les mêmes sacrifices ; et, en présence des incertitudes de l'avenir, il n'avait pu se défendre d'un doute sérieux sur la possibilité du succès. Mais aujourd'hui un grand changement a eu lieu en Afrique ;

chaque année, depuis 1840, y est marquée par un progrès réel et inattendu. — L'opinion de l'auteur sur la *question d'Alger* s'est dès-lors modifiée comme les faits eux-mêmes. C'est ce simple exposé des faits qu'il essaye de présenter. Il espère qu'on lui saura gré d'avoir pu réunir dans un petit nombre de pages tout ce qui importait au sujet qu'il voulait traiter, et d'avoir jeté en même temps quelque lumière sur une question dont l'intérêt va toujours croissant.

Observation Préliminaire.

On dit souvent que la conquête de l'Afrique par les Romains n'a exigé que peu de temps. On compare la rapidité de cette entreprise avec les hésitations de la nôtre, et l'on reproche à la France de ne point suivre l'exemple glorieux qui lui a été donné. C'est là une erreur. L'établissement des Romains dans l'Afrique septentrionale ne se fit que par degrés, et la France, à cet égard, a marché bien plus vite que Rome. Il fallut, en effet, plus de deux siècles, c'est-à-dire tout le temps qui s'écoula depuis les deux

Scipions jusqu'au règne de Claude, pour que Rome pût arriver à la pleine domination du pays. Mais cette domination elle-même fut souvent troublée, et l'on dut croire quelquefois qu'elle allait échapper aux mains des conquérants.

QUESTION D'ALGER.

CHAPITRE Ier.

De l'Afrique carthaginoise, depuis la chute de Carthage jusqu'à
sa réduction définitive en province romaine.

Le premier Scipion débarque en Afrique, défait
Annibal, prend Syphax et réduit Carthage (1).
Le sénat romain ne garde rien des possessions de
cette république : il préfère l'affaiblir, et donne à
Massinissa tous les états de Syphax.

Scipion-Emilien détruit Carthage. Rome s'empare
des colonies puniques situées sur la côte ; elle fait
du territoire voisin une province romaine, qu'on
nomme province d'Afrique, mais elle n'y fonde pas
encore de grands établissements. Le reste du pays
conserve ou reprend son indépendance.

(1) Avant J.-C. 197.

Cinquante ans après, Jugurtha règne en Numidie; un autre prince indigène, Bocchus, règne en Mauritanie. Les violences de Jugurtha irritent le sénat romain, qui lui déclare la guerre. Métellus, Marius, Sylla, sont envoyés en Afrique. Cette guerre, qui dure six ans, est pleine d'alternatives. A la fin, Jugurtha est pris. Rome partage la Numidie entre Bocchus, ce roi maure qui l'a livré, et Hiempsal, parent de Massinissa.

Un demi-siècle s'écoule encore. César et Pompée se disputent le monde. En Afrique, Bocchus et Bogud, rois de la Mauritanie, prennent parti pour César; Juba, roi de la Numidie, soutient Pompée: vaincu à Tapsus, il se tue. La Numidie devient une seconde province romaine, et César lui donne pour proconsul l'historien Salluste.

Sous Auguste, un autre Juba paraît en Mauritanie. Élevé à la cour de l'Empereur, marié par lui à une fille de Cléopâtre, Juba s'efforce de façonner au joug les Gétules encore sauvages. Ptolémée, son fils, lui succède et l'imite. Ptolémée meurt. Claude s'empare de la Mauritanie, et cette vaste contrée, transformée bientôt après en deux nouvelles provinces, vient se perdre, comme le reste de l'Afrique, dans l'univers romain (1).

Deux siècles s'étaient écoulés depuis la prise de Carthage (2).

(1) Après J.-C. 45.

(2) Les anciennes possessions carthaginoises étaient donc par-

CHAPITRE II.

**De l'Afrique romaine depuis les Empereurs jusqu'à l'invasion
des Sarrasins.**

On vient de voir ce qu'il avait fallu d'années et
d'efforts pour assurer aux Romains la possession de
l'Afrique. Cette possession, si chèrement achetée,
fut loin d'être paisible. Sous Tibère, Tacfarinas
se révolte dans la Numidie ; sous Claude, OEdémon soulève la Mauritanie occidentale (1). L'A-
frique s'agite pendant tout le siècle des Anto-

---

tagées, à l'époque de l'empereur Claude, en quatre provinces :
1° *L'Afrique* (qui comprenait ce qui plus tard devint la Byzacène
et la Tripolitaine) ; 2° *La Numidie ;* 3° et 4° *Les deux Mauritanies*
césarienne et tingitane (*).

(1) Plus exactement sous Caligula.

Tacfarinas entraîna d'abord les Musulans, nation puissante,
voisine du désert. Mais cette guerre, qui dura sept ans, eut lieu
principalement dans la chaîne élevée des *Monts-de-Fer* (Mons ferratus), qui s'étend de Sétif jusqu'au littoral. C'est le Djurjura d'aujourd'hui, habité par les Kabyles indépendants, race aborigène
et sédentaire.

La révolte d'OEdémon eut, au contraire, pour appui la population
nomade. Suétonius Paulinus, chargé par Claude de la poursuite
d'OEdémon, remonta les bords du fleuve Malua (le Moulouyah,
dans le Maroc), atteignit en dix marches (decumis castris) les

(*) En admettant que ces deux dernières provinces, sauf plusieurs points
de la côte, et même la Numidie, aient jamais fait partie du *territoire* de
Carthage (v. Heeren).

nins (¹). Probus s'y essaye à l'empire par des victoires; Maximien-Hercule, déjà empereur, y combat les Quinquégentiens (²). Sous Maxence, un soldat se fait proclamer dans Carthage et ruine Cirta (³). Maxence reprend Carthage, qu'il châtie cruellement; Constantin relève Cirta, à laquelle il donne son nom. Dans ce temps, les Donatistes ensanglantent l'Eglise. Chez ces hommes, incultes pour la plupart, et qui ne parlent que la langue punique, la haine de la domination romaine s'allie

cimes neigeuses de l'Atlas, et s'avança dans les sables, à ce que dit Pline, jusqu'au fleuve Ger.

(1) Apr. J.-C. 100-200. — Adrien envoie en Afrique Martius Turbo, l'un des meilleurs généraux de Trajan; Antonin-le-Pieux force les Maures à demander la paix. L'histoire contemporaine donne peu de détails; cependant, une inscription découverte par Thomas Shaw dans les ruines d'Auzia (Bordj-Hamzah), à peu de distance du *Mons ferratus*, prouve évidemment que les colonies rapprochées même du littoral avaient fort à souffrir des incursions des Maures. Cette inscription porte la date de la fin du second siècle, et fait l'éloge de Q. Gargilius, commandant du territoire d'Auzia, qui, après s'être emparé d'un chef indigène révolté, périt dans une embuscade des Baouares, tribu *voisine* d'Auzia (*Recherches sur la Régence d'Alger*, p. 60.)

(2) Apr. J.-C. 270-287. — *Quinque gentes*, ligue de cinq nations. Les Quinquégentiens habitaient le massif où Tacfarinas avait si longtemps résisté. Il fallait que cette guerre parût sérieuse, pour que Maximien-Hercule s'en chargeât lui-même.

(3) Alexandre, soldat pannonien (apr. J.-C. 311). — Carthage, rebâtie sous Auguste, était redevenue la métropole de l'Afrique; Cirta, ancienne capitale de la Numidie, avait conservé toute son importance militaire et commerciale.

à l'ardeur du fanatisme. La religion sert de prétexte ; l'affranchissement est le but (1).

Une révolte générale éclate sous Valentinien (2). Le fils d'un Gétule, Firmus, s'empare de la Mauritanie césarienne. Avec lui combattent les Donatistes qu'il protège et les indigènes qu'il appelle à l'indépendance. Firmus périt, mais au bout de trois ans, et vaincu seulement par Théodose (3). Nouvelles révoltes, nouvelles dé-

(1) On ne peut expliquer autrement les progrès rapides et la longue durée du Donatisme. La question controversée (celle de savoir si l'on pouvait admettre à la communion *les traditeurs*, c'est-à-dire ceux qui avaient livré les livres saints, par la crainte de la persécution) ne pouvait agiter seule pendant plus de deux siècles des paysans et des esclaves. Il y avait donc autre chose dans cette question que le sentiment religieux : il y avait la haine du maître et de l'étranger. « C'étaient des troupes de furieux, qui couraient » par les bourgades et les marchés avec des armes, se disant les » défenseurs de la justice, *mettant en liberté les esclaves*, déchar- » geant les gens obérés de leurs dettes, et menaçant de mort les » créanciers s'ils ne les déchargeaient pas » (Fleury, *Hist. Ecclé-siast.*, vol. III, liv. XI.)

On remarquera aussi que les Donatistes parlaient presque tous la langue punique ; c'est une preuve nouvelle que la population des campagnes, c'est-à-dire le fond du pays était resté afri-cain, et qu'il opposait encore, après cinq siècles, une éner-gique résistance à l'invasion romaine. Même dans les villes, il fallait connaître la langue punique. Ainsi Apulée, dans le deuxième siècle, nous apprend qu'à Carthage on entendait et l'on parlait la langue punique. Septime Sévère, simple avocat d'abord à Leptis, puis empereur, avait longtemps plaidé en cette langue, et nous voyons encore, dans le cinquième siècle, saint Augustin obligé de prêcher en punique et en numide.

(2) Après J.-C. 372.

(3) Le comte Théodose, père de l'Empereur.

faites, au temps d'Honorius (¹). Les Vandales paraissent (²). Frappés par eux du même coup, l'Empire et le Catholicisme succombent. Genséric a retrouvé dans les indigènes les vieux ennemis des Romains, et les Donatistes acceptent facilement pour maître ce conquérant hérétique qui se charge de leurs vengeances (³).

(1) Il s'agit ici de la rébellion d'un frère de Firmus, le comte Gildon. Ayant obtenu par ses intrigues le gouvernement de l'Afrique, Gildon se sépara complètement de l'Empire pendant plusieurs années, et fut soutenu dans sa résistance par tout le parti donatiste. Un troisième frère de Firmus, Mascézil, resté fidèle aux Romains, se chargea de sa poursuite et de sa mort.

(2) Après J.-C. 428.

(3) Le Donatisme favorisa plus que toute autre chose la conquête de Genséric.

Quatre-vingt mille Vandales débarquèrent successivement en Afrique. Mais si l'on retranche de ce nombre les femmes, les enfants et les vieillards, on ne trouve pas plus de cinquante mille cavaliers valides. Ainsi, c'est avec cinquante mille hommes seulement que Genséric vient s'établir dans un pays qui commençait aux Colonnes d'Hercule et ne se terminait qu'à la Cyrénaïque, pays populeux, habité par des races guerrières, et rempli de colonies romaines. Certainement, la trahison du comte Boniface ne suffit pas pour donner la raison de cette conquête, bien qu'elle ait duré près de trente ans. Car, d'un côté, Boniface, qui s'était réconcilié avec l'Empereur, avait repris le commandement de l'armée romaine; d'un autre côté, les Vandales, peu versés dans la science militaire, étaient incapables de faire le siège régulier d'une seule place forte. Genséric trouva donc un appui dans le pays même, et il le trouva principalement chez les Donatistes. Répandus partout, formant à eux seuls la moitié de la population, détestant, quoique catholiques, le Catholicisme et l'Empire plus qu'ils ne détestaient les Ariens eux-mêmes,

Cent ans après on voit Bélisaire, Salomon, Jean Troglita. Ces trois grands hommes reprennent l'Afrique et la rendent à Justinien (A). Plus tard, un roi Gasmul remue la Mauritanie : il est tué par Gennadius, qui gouverne pour Tibère II. L'Afrique paraît tranquille durant les règnes de Maurice et de Phocas : elle se repose sous Héraclius.

Ce repos ne fut pas long. Les Sarrasins accourent des bords du Nil : ils envahissent la Cyrénaïque, la Tripolitaine, la Numidie (¹). Carthage, inutilement défendue, est ruinée pour toujours, et une nouvelle capitale s'élève pour un empire nouveau (²). Les Grecs de Byzance abandonnent l'Afrique ; le christianisme en est banni comme eux, et l'invasion musulmane, roulant jusqu'au grand Océan, emporte avec elle tout ce qui restait encore de la fortune de Rome (B).

condamnés, persécutés, souvent proscrits, les Donatistes aidèrent puissamment à la chute du gouvernement romain. Un seul chiffre démontre quelle était l'importance de ce parti. A la grande conférence de l'an 411, on compta à Carthage deux cent soixante-dix évêques donatistes sur cinq cent cinquante-six membres présents, et les Donatistes affirmaient qu'ils avaient plus de quatre cents évêques en Afrique. C'était là, par conséquent, une formidable opposition, et avec laquelle il devait être impossible de gouverner.

(1) Après J.-C. 647.

(2) *Kairouan*, dans la Byzacène, fondée en 670, quelques années avant la prise de Carthage. Cette ville est célèbre dans l'histoire des Arabes d'Afrique. Bâtie loin de la mer, elle n'avait pas à craindre les attaques des Grecs, et elle devint bientôt le centre d'un commerce important qu'elle faisait avec l'intérieur même de l'Afrique ,

CHAPITRE III.

**De l'Afrique romaine et chrétienne, depuis le second siècle
de notre ère jusqu'au cinquième.**

La conquête de l'Afrique par les Romains avait
été difficile et lente : la possession, suite de la
conquête, fut pleine de troubles. En effet, dans
ce vaste cours de six cents ans (qui commence
aux Césars et finit aux Sarrasins), il ne se passe pas
un siècle qui ne soit marqué par une révolte
ou par une guerre, et les protestations des vaincus
ne cessent point de se faire entendre. On aurait
pu croire cependant que l'Afrique était devenue
romaine. A partir du second siècle de l'ère chrétienne, nous la voyons couverte de colonies,
de municipes, de villes libres ou tributaires. On
est tout étonné du nombre prodigieux de routes
qui la sillonnent, et qui, rayonnant des principaux
centres de population ou des fortes stations militaires, s'avancent dans les profondeurs de l'Atlas,
et descendent, à travers les sables, jusqu'au *Libya
palus* (1). Partout la civilisation romaine s'y mon-

au moyen des caravanes. On y voit de nombreux colléges, et on y
trouve encore, dit-on, une mosquée soutenue par cinq cents
colonnes de granit, de porphyre et de marbre de Numidie.

(1) Également appelé *Tritonis palus* (aujourd'hui le Sebkhah-el-
Aoudiéh, marais salé, dans la régence de Tunis). Une route conduisait de Carthage aux Colonnes d'Hercule; une autre à la Cyré-

tre dans sa grandeur. Ce sont ses arts, son luxe,
sa littérature, et l'on comprend facilement qu'une
loi impériale ait interdit l'Afrique aux exilés,
« parce qu'ils y eussent trouvé les habitudes, les
» plaisirs et le langage de Rome. »

Cet état de choses dure jusqu'au cinquième siècle.
Carthage, Cirta, Julia Cæsarea, toutes les grandes
villes de la côte et de l'intérieur, se décorent de
temples, de basiliques, d'arcs de triomphe. Une
foule oisive y applaudit aux jeux du cirque, aux
combats de bêtes et de gladiateurs. Le christianisme
paraît dans ce grand mouvement. Toléré d'abord,
proscrit ensuite, il triomphe avec Constantin, et
Carthage, d'où les dieux sont bannis, voit accourir
dans ses murs les évêques de toute l'Afrique (1) (C).

Cette grandeur, toutefois, n'était qu'apparente :
elle avait quelque chose d'incomplet et de factice ;

naïque, par la Tripolitaine ; une autre, à Théveste ; une autre, à
Lambæsa, au pied de l'Aurasius, qu'elle traversait pour atteindre
la région du Zàb, etc. etc.

(1) Trente-deux conciles furent tenus à Carthage, de l'année 215
à l'année 420, époque où l'invasion des Vandales les interrom-
pit. Quelques-uns de ces conciles réunirent plus de cinq cent cinquante évêques, et ce n'étaient pas là encore tous les représentants
des églises d'Afrique ; car, s'il faut en croire l'un des plus savants
écrivains du XVIIe siècle, on y compta un moment six cent quatre-
vingt-dix évêques catholiques : ce qui suppose nécessairement six
cent quatre-vingt-dix villes ou bourgades de quelque importance
(Louis Dupin, *Geog. sacr. afr.*, Ad. Optat. Milev.)

le pays était vaincu, mais non soumis. A cette même époque du second au cinquième siècle, les légions sont constamment en armes. Elles combattent sous les Antonins, sous Maximien, sous Maxence, sous Théodose : si l'histoire ne nous a pas toujours gardé le détail de leurs exploits, le fait principal, c'est-à-dire l'état de guerre, en quelque sorte permanent, ne saurait être contesté. Et qu'on ne dise pas qu'il ne s'agissait que de ces tribus sans nom sorties de la poussière du désert, et qu'un regard de l'aigle romaine y faisait rentrer. Mais les Quinquégentiens, vaincus par Maximien -Hercule, habitaient le Djurjura, entre Sétif et la mer ; mais Carthage, où un soldat règne trois ans (1), était la métropole de l'Afrique ; mais c'est dans le cœur même du pays, c'est dans la première chaîne de l'Atlas, que Théodose conduit ses vétérans à la poursuite de Firmus.

Encore un mot sur cette révolte de Firmus, parce qu'elle nous semble caractéristique. A la fin du quatrième siècle, le parti donatiste était dans toute sa force : il résistait aux Empereurs et à l'Église, à la loi civile et à l'anathême ; il résistait par le pillage, par l'incendie et le meurtre. Pour mettre un terme à tant d'excès, l'Afrique avait besoin d'un gouverneur habile, d'une main qui fût à la fois ferme et prudente. C'est le contraire qui arriva : on lui donna

____

(1) Alexandre, sous Maxence (v. plus haut).

Romanus, homme dur et avare. Ce Romanus la pressurait sans pitié; il ne s'occupait que d'amasser de l'argent, et quand une ville menacée par les Barbares implorait son secours, il demandait encore de l'argent et voulait qu'on le payât d'avance. Sur ces entrefaites, Firmus se révolte : il a bientôt une armée nombreuse; indigènes et Donatistes se pressent autour de lui. Romanus est battu, Césarée est prise, la Numidie est ravagée, et l'insurrection devient si formidable, que Romanus n'a plus assez de soldats pour la combattre. Il est forcé de s'adresser à l'Empereur, qui lui envoie du fond des Gaules son meilleur général et ses meilleures troupes (1).

Nous avons parlé de cette guerre. Il en faut lire le récit plein d'intérêt dans les historiens de l'époque. C'est une suite de rencontres sanglantes et acharnées, ici dans les montagnes, là au bord de la mer, aujourd'hui autour des villes, demain chez les tribus nomades; c'est un ennemi fuyant et reparaissant toujours; ce sont des escarmouches sans résultat et des combats de vingt mille hommes.... Firmus enfin ne succombe qu'à la manière

(1) La cause réelle de la révolte de Firmus ne fut pas le despotisme de Romanus. Firmus se révolta, parce qu'ayant tué son propre frère, Romanus lui avait justement demandé compte de ce crime. Mais telle était la haine inspirée par la cupidité de celui-ci, que la population l'abandonna et prit le parti du meurtrier.

de Jugurtha. Il est trahi et vendu comme lui (¹).

Résumons-nous. Cinquante ans après la ruine de Carthage, les Romains ne possédaient presque rien dans l'*intérieur* de l'Afrique; cent ans après, on voit encore des rois de Numidie, deux cents ans plus tard, des rois de Mauritanie, et cinq siècles après, lorsque Rome s'est enfin établie sur ce vaste territoire, lorsqu'elle y a transporté depuis longtemps sa langue, sa civilisation, ses lois, il y éclate tout-à-coup, et au centre même de sa puissance, un soulèvement inattendu, que le bras seul de Théodose parvient à étouffer (²).

(1) Firmus s'était réfugié chez les Isaflenses, peuple placé entre la chaîne du Grand Atlas et le Mont-de-Fer (le Djurjura), dans la province actuelle de Tittery. Igmazen, leur roi, consentit à livrer Firmus, qui se tua pour ne pas tomber vivant entre les mains de Théodose.

(2) Le récit de l'expédition de Théodose contre Firmus, rédigé par Ammien Marcellin, qui s'était peut-être trouvé sur les lieux, a été vivement éclairé par le savant auteur des *Recherches sur la Régence d'Alger*. On voit que cette guerre opiniâtre fut principalement concentrée entre la mer et Sitifis (Sétif), qui était la base des opérations de Théodose; qu'elle atteignit Auzia (Bordj-Hamzah), autre point militaire important; s'étendit un moment par les montagnes jusqu'au Munimentum Medianum (Médéah) et Julia Cæsarea (Cherchell), et revint s'éteindre dans les hautes vallées du Djurjura, là même où avait éclaté, trois siècles auparavant, la guerre de Tacfarinas, là où cent cinquante ans après s'arrêta la conquête de Justinien, là enfin où celle des Arabes et des Turcs n'a jamais entièrement pénétré (v. plus loin, p. 25) (*).

(*) Une circonstance fort remarquable de cette guerre, c'est que Théodose

CHAPITRE IV.

De l'Afrique depuis 1830, et de la domination française comparée à la domination romaine.

—

Nous franchissons un espace de douze siècles, sans nous préoccuper de la domination arabe. Que dire, en effet, de toutes ces dynasties qui se succèdent, de tous ces empires qui s'élèvent et croulent, de tous ces chefs fanatiques ou ambitieux dont le génie étonne quelquefois, mais qui, en définitive, ne fondent rien de durable, et ne laissent après eux que des ruines? C'est là l'histoire de l'Afrique septentrionale pendant douze siècles. Soumise d'abord, nominalement du moins, aux grands califes de Damas et de Bagdad, elle passe aux Aglabites, puis aux Zéirites, puis aux Almoravides, puis aux Almohades, renversés à leur tour

n'avait amené avec lui qu'un très-petit corps d'armée, qui ne s'élevait pas au-delà de 3 à 4000 hommes : mais c'étaient tous hommes d'élite. Tandis donc que les soldats de Romanus gardaient les frontières ou restaient renfermés dans leurs places fortes, Théodose, suivi de ses fidèles vétérans dont rien n'embarrassait la marche, poursuivait Firmus sans relâche et tombait à l'improviste sur les tribus qui lui donnaient asile.

Il est curieux de voir que ce système de *colonnes mobiles*, si souvent blâmé, et pourtant si heureusement appliqué de nos jours, n'est pas autre chose que le système même d'un des plus grands capitaines du Bas-Empire.

2

par les Zyanites et les Hhafsytes... (¹), malheureux
pays qu'une guerre éternelle déchire, et où la paix
elle-même est toujours armée ! Plusieurs états sortent
de ces débris, états faibles, sans consistance, n'ayant
de force que pour se détruire. L'Espagne en profite
pour occuper Oran, Alger, Tunis, Tripoli. Mais
cette utile conquête est bientôt perdue, et tombe
aux mains des Turcs. Maîtres de la côte d'Afrique,
les sultans de Constantinople le deviennent de la
mer, et leurs nouveaux sujets, transformés en pirates, se vengent sur le commerce chrétien de la
défaite de Lépante.

Louis XIV châtie ces corsaires : Du Quesne bom-
barde trois fois Alger. Toutefois les déprédations recommencent, et la victoire de lord Exmouth, en
1816, ne peut encore y mettre un terme. Il fallait un
exemple. En 1830 la France s'empare d'Alger, en
chasse les Turcs et s'y établit. Un mot maintenant
sur cette occupation.

Nous ne parlerons pas des dix premières années
de la conquête, années fécondes et glorieuses
cependant, où l'armée prend Constantine, franchit
les Portes-de-Fer, s'installe à Cherchell, Médéah, Milianah (²), et commence ces grands travaux d'utilité
publique qui préparent et consolident l'œuvre de la
colonisation... Nous avons hâte d'arriver aux résul-

(1) Zyanites à Telemsen 1210-1560 ; Hhafsytes à Tunis, 1210-1570.
(2) 1837, 1839, 1840.

tats déjà obtenus , et nous disons : Voilà quatorze ans seulement que nous sommes en Afrique ! Qu'est-ce que les Romains possédaient en Afrique au bout de quatorze ans ? Qu'est-ce qu'ils possédaient dans l'*intérieur* du pays?

Dira-t-on que les Romains eurent à lutter contre une nation puissante et fortement organisée? Mais à l'époque de l'*occupation* romaine, Carthage était détruite.

Dira-t-on que la guerre continua dans les provinces, que le peuple carthaginois survécut à Carthage? Mais les Carthaginois, peuple étranger, n'avaient qu'une terre sans patrie et des armées sans citoyens. Carthage prise, la lutte cessa.

Dira-t-on qu'après Carthage vinrent les Numides, population farouche et indomptable, plus nombreuse et plus aguerrie que celle de nos jours? Plus nombreuse ! les éléments nous manquent pour décider cette question. Plus aguerrie ! le courage des Arabes ne peut être mis en doute (D).

Dira-t-on enfin que nous avons été soutenus par des alliances ou servis par des défections ? Pendant dix ans, aucun chef considérable n'est venu à nous. Les Romains avaient pour eux la fidélité de Massinissa.

Chose remarquable ! l'empire punique tombe le même jour que Carthage. En prenant Alger, la France ne prend qu'une ville. Le reste du pays continue à résister et à combattre.

La religion de Carthage différait peu de celle de Rome. On sait que Rome adoptait toutes les croyances, et qu'elle avait une place pour tous les dieux. Entre le culte du Christ et celui de Mahomet, l'assimilation n'est pas possible; l'Arabe nous repousse comme étrangers, il nous déteste comme infidèles : la guerre qu'il nous fait est *nationale* et *sainte* (¹).

Dans la conquête de l'Afrique, tout l'avantage était donc du côté de Rome ; cependant, combien d'efforts, combien d'années pour atteindre le but ! En quatorze ans nous y touchons presque (²).

Que celui qui doute prenne la carte d'Afrique ! Depuis les frontières de Tunis jusqu'à celles du Maroc, depuis les bords de la Méditerranée jusqu'aux derniers rameaux de l'Atlas, une riche et fertile contrée nous appartient. Nous sommes à Bone et à Oran, à Constantine et à Telemsen : nous occupons tous les lieux intermédiaires. Boghar, Thaza, Tegdempt, Saïda, toutes ces retraites cachées et lointaines d'un ennemi insaisissable, ont été détruites. Nos drapeaux ont vu Msilah, Tebesah,.

(1) *Voy.* à la page 24, une rectification qui ne détruit pas le principe.

(2) Sans sortir des limites de l'ancienne régence d'Alger, bien entendu : il n'est pas question des autres possessions romaines.

Bouçada, villes perdues, en quelque sorte, sur la limite des terres cultivables, et se précipitant dans le désert, à la suite d'un royal prince, ils sont revenus couverts du sable glorieux de Taguin ([1]).

Voilà ce que nous avons fait en quatorze ans. Mais

(1) 29 mai 1841. — Occupation de Msilah, par le général Négrier (à 28 lieues S.-O. de Sétif).

31 mai 1842. — Occupation de Tebesah ou Tébesse (l'ancienne Théveste), par le général Négrier (à 35 lieues S.-E. de Constantine).

16 mai 1843. — Prise de la zmala d'Abd-el-Kader, près la source de Taguin, par M. le duc d'Aumale (à 29 lieues S.-O. de Gougilah, dans le désert).

28 octobre 1843. — Occupation de Bouçada, par le général Sillègue (à 45 lieues S.-O. de Sétif).

Une garde urbaine soldée a été organisée dans les trois villes de Msilah, Tebesah et Bouçada, pour le maintien de l'ordre et la protection des voyageurs (*).

(*) Les ruines de Tebesah sont magnifiques. On y voit des restes considérables de temples et de monuments publics : *un arc de triomphe*, sur lequel on lit que l'ancienne Théveste, détruite par les Barbares, a été relevée par Salomon, vainqueur des Vandales ; *un cirque* qui pouvait recevoir 6000 spectateurs ; *une forteresse* encore debout avec son mur d'enceinte, flanqué de quatorze tours. Les sources d'eau y sont nombreuses et les jardins d'une admirable fertilité (*Rapport* du général Négrier, inséré dans le *Moniteur* des 28 et 29 juin 1842.)

On a déjà dit qu'une grande route pavée conduisait, du temps des Romains, de Carthage à Théveste. Le rapport du général constate l'existence de cette voie romaine, et ajoute qu'elle paraît se diriger à l'est vers Beccaria.

Bouçada est une ville de 4,500 habitants, placée sur la lisière du Tell. Elle a, comme Théveste et Msilah, de beaux jardins bien arrosés et son commerce est très-important. (V. L'APPENDICE.)

depuis quelques années surtout les progrès ont été rapides, les résultats inespérés.

Il y a quatre ans encore, nous étions comme assiégés dans le petit nombre de points que nous occupions. On ne pouvait sortir d'Alger sans une escorte militaire ; il fallait une petite armée pour se rendre à Bouffarik, et les cavaliers hadjoutes, infestant la Mitidjah, répandaient la terreur jusqu'aux portes de la capitale (1). Aujourd'hui vous traversez la plaine sans nul danger : vous y trouvez une population laborieuse, défrichant la terre, ou construisant des villages. La route est couverte d'ouvriers, de colons, de laboureurs, et l'activité fébrile de l'Européen y a même transporté l'*omnibus*. De Blidah gravissez l'Atlas : parcourez ces gorges sauvages où tant de sang fut versé. C'est partout la même sécurité : quelques soldats, des marchands, des femmes, qui vont à Médéah, Milianah, Boghar, à plus de quarante lieues d'Alger. Point de postes français, point de protection apparente ; le voyageur bivouaque en plein air, ou va chercher l'hospitalité sous une tente naguère ennemie (2).

(1) « Nulle part la campagne n'était sûre..., et des partis se glissaient, à la faveur des plis du terrain, jusqu'au voisinage d'Alger » (*Tableau des Établissements français en Algérie, pour* 1840, p. 1 et suivantes.)

(2) « Sur la route où il y a trois ans il n'était pas prudent de » s'engager, à moins d'être accompagné de deux à trois mille » hommes, à chaque instant nous rencontrions des voitures pu-

Il y a quatre ans, on ne connaissait pas de routes; c'étaient de rudes sentiers fréquentés par l'Arabe
seul, de mauvais chemins, à peine praticables pour
des mulets. Aujourd'hui vous trouverez plus de trois
cents lieues de routes carrossables, exécutées par nos
soldats. Vous irez facilement d'Alger à Telemsen (plus
de 120 lieues), et vous pourrez visiter à droite et à
gauche Tenez, Orléansville, Oran, Maskarah. Une
autre route se dirigeant du côté de l'est touche déjà
aux bords de l'Isser, et viendra se terminer, en tra-
versant la Medjanah, aux murs même de Constantine (1).

» bliques, des charrettes, des convois de toute espèce, des hommes
» et des femmes isolés, voire même des cantonniers; enfin une
» activité commerciale peu commune, même sur les routes de
» France les plus suivies. Sous ma fenêtre, je vois chaque matin
» partir pour Blidah quinze diligences ou *omnibus* à cinq ou trois
» chevaux. Tout cela se remplit aussi bien d'Arabes que d'Européens.
» Ces voitures, si imparfaites qu'elles soient, leur plaisent beau-
» coup » (Extrait d'une lettre du 18 décembre 1843, insérée dans
le *Journal des Débats*, du 3 février 1844.)

« J'ai fait quatre-vingts lieues dans les terres, dit M. Gustave de
» Beaumont, à travers les provinces d'Alger, de Tittery et de
» Milianah, avec autant de sécurité que j'en ai trouvé sur la route
» de Paris à Orléans » (Extrait du journal l'*Algérie*, du 26 janvier 1844.)

(1) Distance : 120 lieues.

L'ancienne route (*Soltania*), tracée par le dey Omar, aboutit, en
passant près de Bordj-Hamzah (Auzia), au redoutable défilé des Biben
(les Portes-de-Fer); mais elle est devenue presque impraticable. C'est
par-là, cependant, que M. le maréchal Valée et M. le duc d'Orléans

Ajoutez ces marais desséchés, ces canaux creusés, ces ponts jetés sur le Sig, sur la Mina, sur le Chéliff, ces grands travaux simultanément entrepris à Boné, à Philippeville, à Cherchell, ce port d'Alger qui contiendra toute une flotte, cette vaste enceinte qu'on recule encore et qu'on y dispose pour une ville de deux cent mille âmes! C'est là certainement un grand et beau spectacle (E).

Le caractère arabe, si indomptable et si tenace, tend chaque jour à se modifier. Il cède, malgré lui, à l'influence de la civilisation européenne. Un officier, suivi de quelques soldats, parcourt les tribus, entend leurs plaintes, règle leurs différends. Le nom chrétien n'est plus maudit comme il l'était : on commence à le craindre, nous dirions presque à le respecter. L'évêque d'Alger visite son diocèse, et la population musulmane accourt à sa rencontre. Des écoles sont fondées, des communautés pieuses s'établissent, des milliers d'enfants sont vaccinés, et on voit des indigènes qui, renonçant à la pluralité des femmes ainsi qu'à la faculté du divorce, se soumettent sans hésiter aux prescriptions sévères de la loi française (¹). (F).

Telle est, depuis quatre ans, la situation nou-

firent passer, en 1839, un corps d'armée de plus de trois mille hommes, lorsque le maréchal tenta, pour la première fois, de revenir de Constantine à Alger par la route de terre.

(1) *Tableau de la situation des Établissements français en Algérie* pour 1842 et 1843.

velle de l'Algérie. Ce sont des faits avérés, constants, hors de discussion. Est-ce à dire que tout soit terminé? Est-ce à dire que nous n'avons plus qu'à déposer les armes et à jouir paisiblement de notre triomphe? Non, sans doute, nous avons encore beaucoup à faire (¹). Dans l'est, l'ancien bey dépossédé de Constantine, dans l'ouest, Abd-el-Kader, rôdant toujours comme un lion affamé, continuent à agiter le pays et y retardent l'affermissement de notre puissance. Au-delà de l'Isser, la Kabylie reste indépendante. Cette âpre contrée, toute remplie de montagnes, et que les Turcs n'ont jamais complètement soumise, est habitée par une race farouche et intraitable. C'est là qu'eurent lieu de tout temps les plus opiniâtres rébellions (²); c'est là qu'aujourd'hui même, l'un de nos ennemis les plus actifs (Ben-Salem) a trouvé un refuge d'où il faudra bien que nous le chassions tôt ou tard (³).

(1) Il nous reste beaucoup à faire, et beaucoup de choses ont été mal faites ; mais on n'arrive pas de prime abord à la perfection. Essayer, c'est chercher.

(2) Révoltes de Tacfarinas, des Quinquégentiens, de Firmus, dans la chaîne des Monts-de-Fer (le Djurjura).

(3) C'est au-delà de Hamzah, et en remontant principalement vers le nord-est, qu'on entre réellement dans la Kabylie indépendante, vaste réseau montueux, aux mailles serrées en tous sens, et qui s'étendant de la mer jusqu'à Sétif, et de Dellys jusqu'aux petites villes de Bougie et de Collo, embrasse un espace de plus de cinquante lieues. Deux cents tribus, qui peuvent armer, dit-on, cent mille fantassins, et deux mille villages environ occupent

Mais si tout n'est pas encore terminé, s'il nous reste encore beaucoup à faire, ne devons-nous pas regarder du moins avec satisfaction ce qui a été fait et nous montrer pleins de confiance dans l'avenir? Les résultats obtenus depuis quatre ans ne sont-ils pas merveilleux? Est-ce qu'ils ne dépassent pas tout ce qu'on était en droit d'espérer? N'est-il pas incroyable que nous soyons parvenus en quatre ans, ou si on veut en quatorze ans, à une domination aussi vaste et aussi complète à certains égards. Nous

cette région sauvage. Bien que stérile en beaucoup d'endroits, on y compte plusieurs belles vallées remplies d'arbres fruitiers, et le nombre des oliviers y est considérable.

Une première expédition a déjà été conduite de ce côté par M. le maréchal Bugeaud (octobre 1841). On détruisit le fort de Bel-Kheroud, construction toute neuve de Ben-Salem, et le fort d'El-Arib, bâti par les Turcs; mais on n'alla pas plus loin que Bordj-Hamzah (Auzia). Une seconde expédition commandée également par le maréchal, a été dirigée, cette année même, vers le littoral; elle s'est terminée, après une résistance opiniâtre, par l'occupation de Dellys et la soumission de plusieurs grandes tribus d'au-delà de l'Isser (1 mai 1844).

Le but principal de cette seconde expédition était d'assurer l'établissement de la grande route stratégique qui, partant du pont de Beni-Hini sur l'Isser, doit se prolonger par Hamzah jusqu'à Sétif et Constantine. Si l'on peut arriver ensuite, comme tout le fait supposer, à l'expulsion de Ben-Salem et à la soumission des tribus voisines de Bougie, on pourra également alors communiquer avec Sétif par la mer. Cette communication existait du temps des Romains, qui avaient deux routes sur Sitifis, l'une partant de Bougie (Saldæ), l'autre de Djijelli (Igilgilis) (*).

(*) C'est à Igilgilis que débarqua Théodose, dans sa guerre contre Firmus; il atteignit de là Sétif avec l'armée romaine.

avons donc eu raison de dire que la France avait marché bien plus vite que Rome, et que si quelque chose devait étonner dans notre entreprise, c'était sa rapidité. Il y a quelques mois à peine que nos soldats ont franchi l'Aurès. Les voilà maintenant dans Biskra, à huit journées de Constantine vers le sud, sur la limite extrême de l'empire romain. Partout ils ont retrouvé les traces de cette forte Rome, ses monuments, ses temples, ses grandes voies de communication, superbes témoignages d'une puissance qui n'est plus, mais qui peut renaître encore (G). Du côté de l'ouest, à 40 lieues du Tell, Aïn-Madhy et El-Aghouath nous ont ouvert leurs portes; le Désert subit et accepte notre souveraineté. Même en ce moment, lorsque le canon gronde à la frontière du Maroc, lorsque les cris sauvages des cavaliers noirs d'Abd-el-Rhaman retentissent au loin dans l'Atlas, la plus profonde tranquillité règne au sein des provinces conquises, et jamais nos marchés algériens ne furent plus fréquentés (H). Tout va donc bien sur les divers points de la Régence; tout va bien, la guerre et la paix. On a pu hésiter, sans doute, entre l'occupation restreinte et l'occupation illimitée; on a pu s'inquiéter, à juste titre, et des sacrifices que nous imposait la conquête et des périls qu'il faudrait courir le jour d'une guerre maritime. A présent, cela n'est plus possible. La force des choses nous a poussés en Algérie, il faut que nous y restions; disons mieux : il faut que l'Algérie nous reste, vaincue, soumise et

française. Grand et magnifique empire que les mys-
térieux desseins de la Providence ont jeté en face
de Marseille, qui touche en quelque sorte à nos flots
et à nos rivages, et peut être placé dès aujourd'hui
au premier rang des colonies, par la fertilité de son
sol, l'étendue de son territoire et l'importance de sa
population (1)!

NOTES.

(A) Bélisaire n'avait avec lui que dix mille fantassins et cinq mille cavaliers d'élite. Les Vandales, dont la population avait quadruplé depuis un siècle, pouvaient réunir cent soixante mille combattants, et leur roi Gélimer opposa, dit-on, aux Romains une armée de cent mille hommes. Cependant, après deux rencontres dans les plaines de la Numidie, cette multitude fut dispersée, Gélimer fut pris, et la nation vandale, tout entière, fut chassée de l'Afrique.

Cette révolution soudaine, et bien plus rapide que l'invasion de Genséric, s'explique, non par la même cause, mais par une cause semblable. Le Donatisme avait fait triompher les Vandales ; le Catholicisme les fit tomber. Une réaction les avait amenés, une réaction les emporta.

Personne n'ignore, en effet, ni les calamités dont ils accablèrent l'Afrique romaine, ni la persécution qu'ils firent subir aux Catholiques, excités qu'ils étaient à la fois par leurs propres fureurs et par celles du parti donatiste. Cependant, au bout de quelques années, les hommes ardents de ce parti avaient disparu pour faire place à des opinions moins violentes, et bien qu'un historien (Tillemont) assure que les Donatistes furent exceptés de la persécution générale, il est évident qu'il ne resta bientôt plus dans toute l'Afrique que deux peuples et deux cultes, les vainqueurs et les vaincus, les Ariens et les Catholiques. De là donc une haine profonde et irréconciliable entre eux, haine nationale, religieuse, politique, et qui fermentait surtout au cœur des opprimés. Quant à la race indigène (païenne, donatiste ou catholique), elle avait repris sa turbulente indépendance, et se tenait prête, comme toujours, à profiter des évènements.

Bélisaire connaissait parfaitement ces dispositions favorables du pays, et depuis Caput-Vada, lieu de son débarquement, jusqu'à Carthage, il ne rencontra que des populations amies. Carthage même, la seule ville dont les murailles n'avaient pas été détruites par Genséric, ne tenta pas de se défendre; les Catholiques en ouvrirent les portes, et on ne trouva plus de Vandales que dans les églises, dont ils embrassaient les autels en suppliants.

Ajoutons que les Vandales du VIᵉ siècle n'avaient plus rien de l'énergie native de leurs pères. « Leur vie s'écoulait, dit Procope, au sein des voluptés. Ils portaient de longues robes de soie, à la manière des Mèdes, et leurs châteaux, entourés de parcs immenses, rappelaient les *paradis* des rois de Perse » (*Bell. Vand.* 11.)

C'étaient là les fils de ces farouches Germains qui, cent trente ans auparavant, s'étaient précipités sur le midi de l'Europe, qui, maîtres de l'Afrique chrétienne, avaient pillé la Sardaigne (436), saccagé Rome pendant quatorze jours (455), et qui revenus à Carthage, chargés des dépouilles de l'Italie, avaient compté dans la foule de leurs esclaves la fille et la femme d'un empereur (1).

La guerre avec les indigènes fut beaucoup plus longue.

Alliés d'abord de Genséric pour combattre les Romains, les

____
(1) Eudoxie, fille de Théodose II et femme de Valentinien III.

indigènes étaient revenus promptement à cet esprit d'indiscipline et à cet amour du pillage qui est encore aujourd'hui le caractère distinctif des Arabes. Salomon, successeur de Bélisaire, voulut y mettre un terme (535), et la lutte de plusieurs années qu'il eut à soutenir contre les Maures, soit dans les plaines de la Byzacène et de la Numidie, soit dans les âpres rochers de l'Aurasius (le mont Aurès), soit dans les sables arides de la région du Zâb (Savus), qu'il réunit de nouveau à l'Empire, forme un des récits les plus curieux et les plus variés de l'histoire de Procope.

Les Maures se soumettent en 539; cependant ils se révoltent encore quatre ans plus tard (543), et Salomon, vaincu à son tour, périt non loin de Théveste (Tebesah). Un nouveau général, Jean Troglita, rétablit les affaires. Les Maures, découragés cette fois par deux grandes défaites, paraissent se résigner à l'obéissance et demeurent tranquilles jusqu'à la mort de Justinien (565) (1).

C'est donc toujours, on le voit, le même état de choses chez la race indigène : ces hommes ne sont en paix qu'enchaînés. Procope raconte que la dévastation du pays fut si grande vers la fin du règne de Justinien, qu'on pouvait errer des jours entiers sans rencontrer une créature humaine. Lorsque cet historien débarqua en Afrique à la suite de Bélisaire, la population y était encore considérable : on y comptait près de quatre cent mille Vandales, et ce peuple, ami du luxe et des plaisirs, avait donné une assez vive impulsion à l'agriculture et au commerce. En moins de vingt ans, cette scène de mouvement s'était changée en solitude : la nation vandale avait été déportée

(1) *Voy.*, pour les guerres de Jean Troglita, la *Johannide* de Flavius Cresconius Corippus, poëme latin d'un haut intérêt pour la géographie de l'ancienne Afrique, et publié à Milan, en 1820, par Pierre Mazzuchelli, d'après un manuscrit qui aujourd'hui paraît unique. Corippus dut être témoin des événements qu'il raconte : car il était évêque d'une petite ville d'Afrique en 571, et l'expédition de Jean Troglita eut lieu vers 550.

tout entière, y compris les femmes et les enfants ; les riches citoyens romains s'étaient réfugiés en Sicile et à Constantinople, et Procope assure, peut-être avec quelque exagération, que les guerres de Justinien coûtèrent cinq millions d'hommes à l'Afrique (Gibbon, t. VIII, chap. 43.) (1).

(B) La résistance des indigènes fut énergique et courageuse. Après s'être rangés, suivant leur habitude, sous les drapeaux du conquérant, ils voulurent garder ensuite et défendre leur indépendance ; mais les Califes suivirent l'exemple de Justinien : l'incendie, le pillage, dévastèrent l'Afrique, et trois cent mille Maures furent vendus comme esclaves. La ressemblance des mœurs fit le reste. Le Bédouin et le Numide se rapprochèrent, le sang des deux peuples se mêla, leurs religions se confondirent, et il sembla, au bout de quelques années, que la même nation s'était répandue, comme un grand fleuve, des bords de l'Euphrate à ceux de l'Atlantique.

Quant au culte chrétien, ce serait une erreur de croire qu'il fut banni de l'Afrique romaine, en ce sens qu'il y aurait été aboli par les Arabes ; nullement. Une grande partie de la population romaine se réfugia, il est vrai, à Constantinople et en Grèce ; mais ceux qui restèrent dans le pays purent y exercer librement les pratiques de leur croyance. Les premiers Sarrasins étaient beaucoup moins intolérants qu'on ne se l'imagine, beaucoup moins surtout que ne le furent leurs successeurs. — Acceptez le Coran, ou payez le tribut : en d'autres termes, soyez frères ou vassaux. — Voilà la doctrine de l'Islam, qu'on

(1) La soumission de l'Afrique fut encore loin d'être complète, et l'empire de Justinien ne s'étendit pas à l'ouest au-delà des limites de la Mauritanie Sitifienne : les Mauritanies Césarienne et Tingitane demeurèrent au pouvoir des indigènes. Il n'y eut plus dans ces deux provinces que deux villes romaines, *Julia Cæsarea* et *Septum* (Cherchell et Ceuta), avec lesquelles les Grecs de Byzance pouvaient seulement communiquer par mer, « car les Maures interceptaient et occupaient tout le reste du pays » (Procope, *Bell. vand.* II, xx.)

a dénaturée plus tard. Le Christianisme fut donc toléré en Orient, et des *capitulations,* que nos ambassadeurs invoquent encore tous les jours, lui assurèrent la protection à laquelle *le tribut* payé lui donnait nécessairement droit (1).

Il en fut de même en Afrique ; mais les troubles intérieurs de cette partie du monde musulman, et la grande réaction religieuse qui suivit le mouvement des croisades, y enlevèrent bientôt toute sécurité aux derniers débris de la population romaine. Le Christianisme s'en éloigna peu à peu, et à la fin du XIIᵉ siècle il eût été difficile de trouver un seul évêque dans la patrie de saint Augustin.

(C) Au premier siècle de notre ère, la Mauritanie Césarienne renfermait treize colonies romaines, trois municipes, deux colonies en possession du droit latin, et une jouissant du droit italique ; toutes les autres villes étaient libres ou tributaires : du premier au second siècle, la Numidie avait douze colonies romaines, cinq municipes et trente-et-une villes libres ;

---

(1) Les anathèmes de Mahomet s'adressent particulièrement aux Arabes idolâtres ; ce qui ne l'empêchait pas de faire alliance avec eux. « Gardez » fidèlement, dit-il, l'alliance consacrée avec les idolâtres, s'ils l'observent » de leur côté, » (*Le Coran,* chap. ix, verset 4). Il dit ailleurs, au sujet des chrétiens : « Ne violentez personne pour sa foi, » (*Id.*, chap. xi, verset 259).

C'est d'après cette règle (qui sans doute souffrit des exceptions) que furent signées toutes les premières conventions entre les Sarrasins et les Grecs. Nous citerons entre autres, la capitulation de Jérusalem proposée par le patriarche Sophronius et acceptée par Omar (637), le traité conclu par Amrou avec les Cophtes au moment de la conquête de l'Égypte (638), traité qui leur garantissait la liberté complète du culte chrétien, et qui fut également ratifié par le calife.

Après la prise de Jérusalem, Omar se rendit avec le patriarche dans l'église de la résurrection, et comme c'était l'heure de la prière, il fit la sienne incliné sur les marches du temple. Quant au *farouche* Amrou, on ne prétend plus aujourd'hui qu'il ordonna la destruction de la fameuse bibliothèque d'Alexandrie. Le fait n'est rapporté par aucun auteur contemporain, chrétien ou musulman. On en doit conclure que c'est là une de ces anecdotes comme il y en a tant en histoire, et qui ne sont que des contes.

les autres étaient soumises au tribut : nous venons de voir enfin
que dans le quatrième siècle on comptait au moins six cent
quatre-vingt-dix villes ou bourgades, ayant rang d'évêchés. Ceci
indique une population considérable, surtout en Numidie. Là,
en effet, s'élevaient Cirta, Sitifis, Suthul, Theveste, Lambæsa,
villes de 50 à 60,000 âmes, avec leurs Duumvirs, leurs Dé-
curions, leurs assemblées populaires, images fidèles de la grande
Rome, dont elles reflétaient la magnificence et la gloire. Autour
d'elles se pressaient Hippone (Bone), Igilgilis (Gigelli), Sicca-
Veneria, Zama-Regia, Tipasa, Cuiculum (Djemilah), Bagasis
(Bagaï), Tadutti (Tattubt), Tamugadis, et une foule d'autres
qu'il serait trop long d'énumérer (1).

(1) *Sitifis Colonia* (aujourd'hui Sétif). Les murs de cette ancienne métropole existent encore presqu'en entier, et protègent facilement la garnison
française qu'on y a installée. C'était le point d'intersection des grandes communications qui unissaient Carthage, Cirta et Césarée : de là partaient en
outre des voies directes qui rattachaient Sitifis, d'une part, à Saldæ (Bougie),
à Igilgilis, à Coba et à Tucca ; de l'autre, à Lambæsa, à Theveste, à Musti,
à Tamugadis, etc.

Suthul ou *Calama* (auj. Guelmah), située entre Hippone et Constantine.
C'est auprès de cette ville, dans laquelle Jugurtha renfermait ses trésors, que
le roi numide fit passer sous le joug 40,000 Romains. Lorsque les Français
vinrent s'y établir en 1836, le rempart conservait encore dans certains endroits six mètres d'élévation ; une immense quantité de fortes pierres de
taille encombraient les abords extérieurs et tout l'intérieur. On y voit un cirque
d'une étendue considérable.

Theveste (auj. Tebesah). Léon l'africain mentionne ses remparts bâtis en
pierres de taille comme celles du Colysée, et le grand nombre de colonnes de
marbre, de pilastres, d'inscriptions latines, qui décorent l'ancien Forum et
les autres édifices publics (*hic* p. 21).

Lambæsa (auj. Tezzoute). Une partie des murailles subsiste encore. On y
comptait quarante portes ou arcs de triomphe. Peyssonnel, au xviiime siècle, en
a vu quinze dans le goût des portes Saint-Denis et Saint-Martin, qui avaient
jusqu'à cinquante et soixante pieds d'élévation. Lambæsa était une ville de la
plus haute importance. Placée dans une plaine fertile au pied de l'Aurasius,
elle gardait, de ce côté, l'entrée de la Numidie méridionale. C'est là que ré-
sidait, ainsi que l'atteste une inscription trouvée par Bruce, la fameuse *Le-
gio III Augusta*, qui construisit la voie romaine de Carthage à Theveste.

Des milliers d'esclaves étrangers ou indigènes y cultivaient
la terre, et telle était l'incomparable fertilité du sol, qu'il nour-
rissait à la fois l'Afrique et l'Italie. Salluste, Tite-Live et Pline
n'en parlent qu'avec admiration. « On y voit, dit Strabon, des
» champs de froment, où l'on fait deux moissons par an, et dont
» les épis sont hauts de cinq coudées. » Quatre siècles après
Strabon, Procope constate le même fait. Malgré la conquête des
Vandales et l'affreuse dévastation qui en fut la suite, il trouve
presque partout un pays bien cultivé et d'une fécondité extraor-
dinaire. Il remarque le grand plateau de l'Aurasius (le mont

Une expédition dirigée cette année contre Biskra (février 1844), par M. le
duc d'Aumale, a passé tout auprès de Lambæsa. Nos officiers d'état-major ont
retrouvé la plupart des monuments indiqués par Peyssonnel et par Bruce, et
constaté que cette ville avait deux à trois lieues de tour (v. la note G.)

Tipasa. A mi-chemin entre Guelmah et Tiffesech (Tiffech), on trouve les
débris d'une très-grande ville ancienne, de superbes portiques bien alignés
des colonnes de marbre, des palais encore debout, un amphithéâtre de cent
cinquante pas de diamètre, dont dix rangs sont intacts, le tout en grosses
pierres de taille. Ce lieu qui aujourd'hui s'appelle Hamisah, était peut-être la
colonie de *Tipasa*, que quelques géographes placent à Tiffesech.

Cuiculum (auj. Djemilah). On remarque à Djemilah un théâtre, un temple
quadrilatère à six colonnes, les restes d'une basilique chrétienne, des bas-
reliefs, enfin le Forum, renfermant un temple dédié à la Victoire, et où l'on
arrivait en passant sous un arc de triomphe, élevé à l'empereur Caracalla.

Au mois d'octobre 1839, M. le duc d'Orléans traversa Djemilah avec le
corps d'armée qui se rendait de Constantine à Alger par les Portes de Fer :
il admira cet arc de triomphe encore bien conservé, grava son chiffre sur
la face interne du pilier gauche de l'arcade, et, dans une lettre au roi son
père, exprima la noble pensée que « le monument de Djemilah, le plus com-
» plet de ceux que nous ayons visités en Afrique, fût démonté pierre par
» pierre, et transporté à Paris, comme consécration et trophée de notre
» conquête.... » (*).

(*) V. *passim* l'ouvrage intitulé : *Renseignements sur la province de Constantine*, par M. Dureau de la Malle, les *Recherches sur la régence d'Alger*, par le
même, et le *Tableau.... des établissements français pour* 1840, publié par le mi-
nistre de la guerre.

Aurès), chaîne immense qui sépare la Numidie du désert. « Pour
» qui veut gravir cette chaîne, dit-il, la route est difficile, le
» pays affreux et sauvage ; mais lorsqu'on est monté sur le pla-
» teau, on découvre de vastes plaines, de nombreuses sources
» qui donnent naissance à des rivières, et une telle quantité de
» vergers, que cette culture si variée semble presque un prodige.
» Le blé et les fruits qui y croissent y atteignent une grosseur
» double de celle qu'ils ont dans tout le reste de la Libye (1) ».

Il y eut donc en Afrique, depuis Auguste jusqu'aux Vandales, c'est-à-dire pendant plus de quatre siècles, une grande
population, une grande activité commerciale, un grand mouvement artistique. La littérature n'y brilla pas moins que les arts.
C'est l'époque d'Apulée, né à Madaure ; de Tertullien, né à Carthage ; de saint Cyprien, orateur puissant et martyr illustre ; c'est
enfin l'époque de saint Augustin, philosophe, rhéteur, évêque,
qui les surpassa tous les trois par la profondeur comme par la
variété de son génie.

(D) Les Numides n'étaient pas meilleurs tacticiens que les
Arabes. Tite-Live rapporte que Syphax, un moment allié des
Romains, voulut les accoutumer à la discipline des légions,
mais ils furent complètement battus par les mercenaires de
Carthage.

Quant à la population de l'ancienne Afrique, Strabon dit bien
quelque part que les Carthaginois y possédaient trois cents villes ;
mais quelles étaient ces villes, quelle était leur importance,
leur étendue ? Strabon ne précise rien.

Un passage de Procope, déjà cité plus haut, est plus positif :
Procope affirme que les guerres de Justinien coûtèrent à
l'Afrique plus de cinq millions d'hommes. Mais il n'est pas ici

(1) *Renseignements sur la province de Constantine*, par M. Dureau de la
Molle, p. 60 et 67.

question de l'Afrique de Justinien, ni même de l'Afrique romaine; il s'agit de l'Afrique *carthaginoise* et *numide* (1).

(E) Voici un aperçu de la situation à la fin de 1843 :

I. ROUTES TERMINÉES.

Depuis deux ans, pendant les intervalles de guerre, l'armée a ouvert 357 lieues de route, qui ont à la fois leur importance militaire, commerciale et industrielle, savoir :

	Lieues.
D'Oran à Zebdou par Tlemcen.	44
De Tlemcen à Lella-Magajnia, dans la direction d'Ouchda.	15
D'Oran à Saïda par Maskarah	43
De Mostaganem à Maskarah.	25
De Maskarah à Tiaret.	32
De Mostaganem à Milianah par Orléansville.	60
D'Orléansville à Tenez, en partie dans le rocher.	10
De Cherchell à Teniet-el-Had par Milianah.	37
De Milianah à Blidah.	20
De Blidah à Médéah.	11
D'Alger au pont de Beni-Hini sur l'Isser.	19
De Philippeville à Constantine.	21
De Bone à l'Edough.	8
De Bone à La Calle.	12
Total.	357

(1) Il serait certainement curieux de rechercher quelle était l'ancienne population de l'Afrique à l'époque des Carthaginois, pour la comparer à celle que nous y trouvons aujourd'hui.

Toutefois ce travail serait d'autant plus difficile que nous n'occupons pas précisément le même pays que Carthage : nous sommes plus loin et moins loin qu'elle. Carthage ne possédait point, comme l'ont crû quelques auteurs, tout ce vaste espace compris entre la grande Syrte et le détroit de Gadès. Le *territoire* carthaginois, proprement dit, commençait du côté de l'est à la C - rènaïque et s'arrêtait à l'ouest au *promontorium candidum*, (le cap blanc), en

Onze ponts ont été jetés sur ces routes, qui, comme on le comprend, ne sont encore que terrassées, à l'exception d'une partie de la route de Constantine qui est macadamisée, ainsi que celles qui sont le plus rapprochées d'Alger (*L'Algérie* du 6 avril 1844).

II. COLONISATION.

Les villes de Médéah, Milianah, Maskarah et Telemsen, où 'armée n'a trouvé que des ruines, ont été relevées depuis trois ans ; celles d'Orléansville, Tiaret, Teniet-el-Had et Boghar ont été créées à la fin de 1843 ; Orléansville et Tenez fondées depuis moins de six mois, comptaient ensemble, à la même époque, plus de 1,800 Européens, presque tous Français.

deçà d'Hyppo-Regius (auj. Bone). Au-delà, c'était l'Afrique indépendante ; c'étaient les Numides et les Maures.

Il est vrai que des colonies carthaginoises s'étendaient sur toute cette côte. Un grand navigateur, Hannon, s'avançant même dans l'océan occidental, en avait fondé plusieurs sur les rivages du Maroc. Mais c'étaient plutôt des comptoirs et des *échelles* que de véritables villes, et nous ne savons rien de leur population.

Tout ce que nous savons par quelques mots échappés aux historiens romains, c'est que l'ancienne Afrique, même l'Afrique indépendante et nomade, passait pour très-peuplée ; c'est que l'on comptait sur le territoire de Carthage des villes importantes et un grand nombre de ports florissants ; c'est que les nations lybiennes, fixées sur ce territoire, pouvaient armer de nombreux combattants, puisque dans la guerre des Mercenaires on les vit mettre sur pied 70,000 hommes ; c'est qu'enfin Carthage faisait un commerce immense avec toute l'Europe connue, au moyen de ses flottes, et avec l'intérieur de l'Afrique, au moyen de ses caravanes, comme nous l'apprend Hérodote...

Mais dans tout cela nous ne trouvons aucune donnée sérieuse qui nous permette d'apprécier la force numérique du pays, et il en faut conclure que les éléments nous manquent, en effet, pour décider aujourd'hui une pareille question (*).

(*) V. pour la population actuelle de l'Algérie la note I.

Philippeville, fondée en 1837, est devenue une localité impor
tante, chef-lieu d'une subdivision militaire, d'une sous-direc-
tion de l'intérieur et d'un tribunal de première instance. Bone,
Oran, Mostaganem, Blidah, Cherchell, sont des villes *françaises*, où les constructions s'élèvent comme par enchantement,
sans qu'elles puissent suffire aux besoins des habitants, (*Moniteur algérien* du mois de novembre 1843).

Enfin vingt-cinq centres agricoles existent dans la seule province d'Alger. Nous citerons comme les plus nouveaux, Staouéli,
Foukah, Ste-Amélie, Montpensier, Joinville, etc., jolis villages
qui s'entourent déjà d'une riche ceinture de mûriers, d'orangers et d'oliviers, (*L'Algérie* du 12 février 1844).

III. POPULATION.

Le chiffre de la population européenne augmente rapidement.
En 1831, il n'y avait en Algérie que 3,228 Européens ; en
1840, on en comptait 28,736 ; à la fin de 1843 ce nombre
s'élève à 66,000, et dans cette seule année il y a 24,000 émi-
grants nouveaux. La population européenne a donc doublé en
trois ans.

La population indigène des établissements français suit la
même progression. C'est la meilleure preuve du retour complet
de la sécurité. Ainsi, à Alger, on évalue de 5 à 6,000, le
nombre des anciens habitants qui sont rentrés dans les derniers
mois de 1843 et dans le premier trimestre de 1844. La Mitidjah,
qui avait été presque entièrement dépeuplée par la guerre
contient aujourd'hui plus de 3,000 indigènes, employés pour
la plupart dans les villages ou dans les fermes des colons. Il en
est de même à Blidah, Coléah, Médéah, Milianah ; et, d'après des
relevés officiels, le nombre des indigènes qui ont paru sur nos
marchés dans le dernier semestre de 1843 s'est élevé à près
d'*un million* (1).

Alger n'avait (sa banlieue comprise) que 38,000 habitants

(1) V. la note G.

à la fin de 1840 ; on en compte 45,000 au 1er janvier 1844.
Le massif seul contient 12,000 cultivateurs européens. La cir-
culation est devenue si active à Alger, qu'on y trouve déjà 150
voitures publiques et qu'il y a autant de mouvement à la porte
de Bab-Azoun qu'aux barrières les plus fréquentées de Paris,
(Extraits divers du journal *l'Algérie* en 1844, et du *Tableau*...
de la situation des établissements français, 1840-1842).

IV. Culture, Plantations et Forêts.

La culture des terres présente des résultats qui presque partout dépassent les espérances, et la fertilité de l'ancienne
Afrique ne s'est pas démentie. On sait de quelles riches moissons se couvrent les grandes plaines des provinces d'Oran et de
Constantine : mais on ignore peut-être tous les efforts tentés par
le Gouvernement, pour encourager les plantations publiques
en Algérie ; car multiplier les arbres et l'ombrage dans ce
pays brûlé par le soleil, c'est travailler tout à la fois dans
l'intérêt de la salubrité, de l'agrément, et de la conservation des
eaux.

Des pépinières ont été établies à Alger, à Bone, à Constantine, à Sétif, à Oran, etc. Elles fourniront dans un délai rap-
proché autant d'arbres que les colons pourront en désirer.

Ainsi, il a déjà été planté en 1842, pour le compte du Gouvernement, 6,802 arbres, et par les colons des nouveaux villages, 14,211. Les habitants des environs d'Alger ont planté ou
greffé plus de 100,000 arbres (*Tableau de la situation des Établissements français pour* 1842).

Mais c'est surtout la culture de l'*olivier*, de l'*oranger*, du
mûrier et du *cotonnier* qui a attiré l'attention du Gouvernement. On connaît les belles orangeries de Blida et les oliviers
séculaires des jardins de Telemsen. Il s'agissait de savoir si l'on
pourrait également obtenir de beaux produits du mûrier et du

cotonnier, ce qui permettrait à la France d'alimenter sur son propre sol deux de ses plus grandes industries. Les essais tentés jusqu'à ce jour ont parfaitement réussi.

Le mûrier, dans ses diverses variétés, vient en Algérie avec une rare facilité, dans tous les terrains et à toutes les expositions. Il y végète avec une telle vigueur, ainsi qu'on le voit à Bone ou à Bouffarick, qu'il donne des feuilles en abondance deux ou trois ans après sa transplantation.

Des soies ont déjà été obtenues. Soumises à l'appréciation de la chambre de commerce de Lyon, elles ont paru avoir beaucoup d'analogie avec celles des Cévennes. Les cocons blancs et jaunes examinés également à Avignon ont donné les meilleurs résultats. Les fileuses adroites, comme les connaisseurs, sont tous demeurés convaincus que le rendement est excellent, et que la soie obtenue équivaut et *surpasse* les plus belles qualités de France, que nous obtenons dans la contrée de Saint-Jean-du-Gard (*Tableau, etc.*, pour 1841).

On peut en dire autant des essais entrepris pour la culture du coton.

Le cotonnier existe en Algérie à l'état sauvage et en arbrisseau ; il y était cultivé au moyen-âge. Des voyageurs arabes nous parlent des plantations de *coton* qui entouraient les villes de Tobna et de M'silah. Edrisi nous apprend qu'au douzième siècle la culture du *coton* florissait à Sétif, « ville ancienne, » bien arrosée, riche en arbres fruitiers et en légumes de qua- » lité supérieure, » (*Recueil de renseignements sur la province de Constantine*, par M. Dureau de la Malle, p. 72 et 73).

Il était donc intéressant de raviver cette ancienne culture. C'est ce qui a été fait, et dès l'année 1835, des échantillons de coton récolté en Algérie ont été soumis à l'examen du Comité des arts et manufactures. Le Comité a déclaré que ce coton « surpassait les plus belles sortes de coton de la Louisiane, et » qu'il devait être classé avec le coton de la Georgie. » Examiné également par la chambre de commerce de Rouen, on lui a trouvé de profondes analogies avec les cotons de Fernambouc, de Bahia et de Maragnan, (*Tableau, etc.*, pour 1841).

Voilà donc quatre produits magnifiques, et qu'on peut regarder comme naturalisés en Algérie: l'*olivier*, l'*oranger*, la *soie* et le *coton*. Il y a là certainement une source incalculable de richesses (1).

Nous signalerons enfin un cinquième produit qui promet des résultats non moins importants: nous voulons parler des *forêts*.

On avait cru jusqu'à présent que les forêts de l'Algérie étaient peu considérables, mais des explorations récentes ont prouvé le contraire; et on a découvert dans les différentes chaînes de l'Atlas des bois d'une vaste étendue et de toute beauté.

On cite dans la province d'Alger les bois du Mazafran (Oued-Djer) mélangés d'ormes, de frênes, d'oliviers sauvages; ceux de l'Oued-el-Kebir, remplis de chênes, de pins d'Alep et de cèdres du Liban. L'étendue de ces bois est faiblement estimée à 2,000 hectares.

Dans la province d'Oran, on trouve l'Ouanenseris avec d'immenses forêts: une seule entre Saida et Tegdempt est évalué, à plus de 40,000 hectares; quelques-unes sur les bords de la Mina et du Sig renferment plus de 20,000 hectares; une forêt de plusieurs lieues d'étendue, à 9 myriamètres de Tenez, est peuplée de cèdres qui s'élèvent à une hauteur prodigieuse.

Dans la province de Constantine on rencontre les énormes massifs boisés du pays des Righas au sud de Sétif, ceux d'Amama chez les Haractas, ceux de Guelmah, dans la vallée de la

---

(1) Ajoutez l'*indigo*, la *cochenille* et la *vigne*. L'indigo a réussi dans la pépinière du Gouvernement à Alger, (M. Baude, *De l'Algérie*, t. 1, p. 41). Au village de Kouba, un agronome distingué, M. de Nivoy, a déjà obtenu des cochenilles de bonne qualité. Un autre agriculteur, M. Cossidou, possède, dans la même commune, de belles vignes dont les plants viennent de Grèce et d'Espagne.

La vigne, du reste, est assez commune en Algérie, et les environs de Médéah sont célèbres par la grosseur de leurs raisins : mais comme les indigènes ne boivent pas de vin, on se contente de faire sécher les grappes.

Seybouse, ceux de l'Edough, tout garnis de chênes, de châtaigniers, de frênes, d'ormes, de pins maritimes ; enfin ceux
de La Calle, célèbres par le nombre et la vigueur de leurs
chênes-lièges, le tout évalué à plus de 32,000 hectares.

Ces beaux massifs déploient une richesse de végétation à laquelle on est loin de s'attendre dans un pays aussi discrédité
sous le rapport forestier. Ils forment des masses compactes qui
affectent tout-à-fait le caractère des futaies. Il n'est pas
rare d'y trouver des chênes qui ont 25, 30 et jusqu'à 40 mètres
d'élévation, dont 10 mètres sous branches ; la circonférence
d'un grand nombre atteint 4, 5 et 6 mètres.

En résumé, les forêts déjà connues de l'Algérie représentent un total de plus de 80,000 hectares. Si l'on y ajoute plus de
100,000 hectares de broussailles qui servent au menu chauffage
des populations arabes et à la nourriture de leurs bestiaux, il
en faudra conclure que non-seulement l'Algérie ne manque pas
de bois, mais qu'elle offre même une utile exploitation aux besoins du commerce européen. (*Tableau des Établissements
français*, pour 1841 et 1842.)

(F) Cette impression favorable qu'éprouvent tous ceux qui
ont visité l'Afrique depuis quelque temps, est fidèlement reproduite dans le fragment suivant :

Alger, 27 mars 1844.

» Je viens de faire 110 à 115 lieues dans l'intérieur du pays,
» avec M. le gouverneur-général et *sans un soldat français.*
» J'ai été à 54 lieues droit vers le sud, j'ai traversé l'Oued-Jer,
» le Chélif, le Derder, l'Oued-el-Khamis et plusieurs autres ri
» vières dont le maréchal veut emprisonner les eaux dans des
» barrages, pour arroser les terres et conquérir par les bienfaits
» les Arabes vaincus par la force. J'ai vécu au milieu des Beni-
» Khalel, des Beni-Mened, des Sumata, des Hachem, des Had
» joutes et autres dont les noms m'échappent ; j'ai pris part à

» la diffa et à la mouna (les vivres et l'orge), offerts au gouver-
» neur sous la tente des kalifas, aghas et kaïds; j'ai dormi sous
» la seule garde de leurs cavaliers, au nombre de 2 à 300, ar-
» rivés de dix, quinze et vingt lieues, pour saluer *leur seigneur.*

» Je pourrais raconter combien cette aristocratie arabe a déjà
» repris d'éclat, combien est pittoresque l'aspect de ces chefs
» aux selles brodées, aux bottines rouges, aux bernous blancs,
» aux mâles visages, s'élançant dans la plaine à la tête de leurs
» cavaliers, debout sur leurs étriers, le fusil en joue, constam-
» ment horizontal , déchargeant leurs armes aux pieds *du*
» *maître,* la faisant sauter en l'air, la ressaisissant, et arrêtant
» court leurs chevaux lancés au galop;..... tout ce que je puis
» dire, c'est que le nord de l'Afrique est un magnifique pays.

» Depuis la mer jusqu'à 40 ou 50 lieues environ au midi,
» c'est le Tell, la terre féconde qui produit les grains; depuis
» là jusqu'au Saharâ, c'est le petit désert, nom que les Arabes
» lui donnent parce que les grains ne peuvent y mûrir, mais qui
» n'en est pas moins très-riche et très-populeux. Au-delà
» sont les montagnes bleues, puis le Saharâ.

» Eh bien ! ce qui m'a surpris, ce n'est pas l'aspect riant et
» fertile des vallées et des plaines, l'étendue des bois *que nous*
» *n'avons pas quittés depuis Blidah* jusqu'à la forêt de chênes
» et de cèdres de Teniet-el-Had, à trente lieues de cette pre-
» mière ville, l'importance et la qualité des terres cultivables,
» toutes ensemencées par les Arabes, l'état et le nombre de leurs
» troupeaux, etc.... — C'est de voir nos soldats travaillant
» gaîment aux défrichements pour les Européens, aux construc-
» tions pour les établissements militaires, et aux routes qu'ils
» ouvrent dans toutes les directions ; ce sont les routes à peine
» praticables, déjà fréquentées par des Européens et des Arabes,
» allant vendre ou acheter du bétail et des grains; ce sont les
» indigènes (sans solde!) montant la garde de distance en dis-
» tance, jour et nuit, depuis plusieurs mois, pour assurer la
» sécurité de ces routes, et l'assurant, en effet, complètement;

» c'est de voir à 50 lieues d'Alger, dans un lieu naguère désert
» (Teniet-el-Had), un magnifique hôpital et une caserne en
» pierres, bien et solidement bâtis par l'armée, sous la direc-
» tion d'un jeune officier du génie plein de cœur et de réso-
» lution....

» Ce qui m'a le plus étonné dans les Arabes, ce n'est pas de
» les voir si promptement remis des rudes atteintes et des désas-
» tres dont ils nous faisaient sous la tente le naïf récit; ce n'est
» pas de les voir mettre tant d'ardeur dans les exercices mili-
» taires, qu'ils aiment avec passion; ce n'est pas de voir les
» populations faire nu-pieds, à travers les montagnes, sept à
» huit lieues pour demander au maréchal ou justice ou faveur,
» acceptant immédiatement et en silence ses décisions, quelles
» qu'elles soient, entourant le gouverneur, et lui baisant les
» mains, les pieds, les vêtements, pour le retour promis d'un
» marabout ou d'un vieux chef exilé; c'est de les voir écouter
» avec une religieuse attention les recommandations qu'il fait
» aux chefs pour qu'ils commandent avec justice, les avis et les
» conseils qu'il donne à tous pour améliorer leur bien-être,
» soigner leurs bestiaux et cultiver leurs terres d'une manière
» plus intelligente....

» Voici les faits; posons-en les conséquences.

» Il y a deux ans, au 11 avril 1842, on se battait encore à
» Méred, sur la route d'Alger à Blidah; on ne pouvait s'éloigner
» des villes sans danger; on regardait comme impossibles la
» soumission des Arabes et le payement des impôts, comme
» chimériques la population et la richesse du désert; l'Algérie
» passait pour avoir à peine une largeur de quelques myria-
» mètres. Aujourd'hui elle a plus de cent lieues de profondeur,
» l'activité européenne pénètre déjà au tiers de cet espace, sur
» les routes qui sillonnent le territoire; l'impôt se paye partout
» avec plus de facilité, et surtout avec plus de justice que sous
» les Turcs; notre pouvoir s'étend au-delà des limites du leur;
» les chefs du désert viennent implorer notre protection, au

» nom de l'ordre et du commerce ; enfin un continent nouveau
» est ouvert à l'industrie de la France et du monde. » (*Lettres
d'un voyageur à son frère*, Alger 1844).

(G) Partie de Constantine sous le commandement de M. le
duc d'Aumale, la colonne française arrive le 23 février au camp
de Bétna. « Le 24, écrit un officier de l'expédition, pendant
» que le prince consacrait au travail la journée de repos donnée
» aux troupes, le duc de Montpensier allait visiter les ruines de
» Lambæsa, cette ville où la 3me légion Auguste était établie.
» Nous y avons vu beaucoup de monuments remarquables ; un
» temple à la Victoire, un temple à Esculape avec son inscrip-
» tion entière, telle que la rapporte Peyssonnel, une quantité
» immense de tombeaux et d'inscriptions que l'infatigable capi-
» taine Delamarre a copiées en grande partie. Ces ruines qui
» peuvent couvrir une étendue de deux à trois lieues de tour,
» montrent bien l'importance de cette position, à l'entrée du
» défilé qui fait communiquer le Tell avec le Saharâ, et pro-
» mettent des découvertes importantes, si on a le temps de les
» exploiter (1).

» Avant Baitnah (Bêtna), le capitaine Delamarre a pu mesurer
» ce fameux Madraschen, dont parlent avec étonnement Shaw et
» Peyssonnel. Ce monument qui peut avoir servi de sépulture
» et de trésor aux rois numides, a une importance réelle ; par sa
» masse et ses dimensions, il rappelle les monuments égyptiens ;
» son diamètre est de 80 mètres, son élévation de 27, et il est
» soutenu par plus de 100 colonnes ou pilastres d'ordre toscan...
» Sur toute notre route, nous avons suivi la voie romaine, très-
» bien conservée en quelques points ; partout de ces énormes
» blocs, de ces restes d'enceinte que l'on appelle vulgairement
» postes romains ; enfin beaucoup de choses intéressantes que
» l'on dépasse avec regret sans pouvoir les étudier convenable-
» ment......

(1) V. la note C.

» Quelques jours après, le duc de Montpensier est allé recon-
» naître le défilé d'El-Kantara. Il revint le même jour, et jus-
» qu'au dernier soldat, tout le monde parlait avec transport du
» coup-d'œil qu'offre le pont romain suspendu sur l'abîme, et
» des nombreux dattiers que l'on voyait pour la première fois,
» car ce n'est réellement que là que commence le Zâb. La popu-
» lation est venue au-devant du prince et a apporté du lait et des
» dattes à la troupe. »

Le 4 mars, le duc d'Aumale entre à Biskra, petite capitale du
Zâb. Le 7, il va visiter Sidi-Okba que les cartes placent encore
plus au sud (1). Il en accueille les notables avec bienveillance et
se rend avec eux dans la principale mosquée. « Les Tolbas l'y
» attendaient en chantant la prière pour le souverain, prière qui
» correspond dans la religion musulmane à notre *Domine sal-*
» *vum fac regem.* Après la prière, le prince entra dans la kobba,
» sanctuaire inviolable où repose depuis des siècles, le général
» arabe qui a conquis le Mogreb à l'islamisme (2). »

De retour à Biskra, le duc d'Aumale organise le pays, et
reçoit une députation de la grande ville de Tuggurt, située à
quarante lieues sud-est (3). Il repart le 15 de Biskra, après y

(1) Un peu au-dessous du 34° latit. N. Voyez la belle carte qui accompagne
l'*Itinéraire de Hhâggy-Ebn-El-Dyn*, publié en français sur la version anglaise
de M. Hodgson, par M. D'Avezac, Paris 1836 (*).

(2) L'*Algérie* du 6 avril 1844.

(3) « Teqort (Tuggurt) est une ville de richesses et d'abondance. Le pays
produit des dattes, des figues, des raisins, des grenades, des pommes, des
abricots, des pêches et d'autres fruits. Le marché de Teqort est fort grand.
Cette ville est la capitale de ce district, et a juridiction sur vingt-quatre villages. Elle est ceinte de murailles avec des portes. Ces murailles sont entou-
rées d'un fossé qui peut être comparé à un fleuve.

» Le gouverneur de Teqort possède une grande quantité de chevaux et de
selles avec leurs harnais brodés d'or... Le nombre des troupes qu'on peut
lever est de cinq mille hommes. Le teint des gens de Teqort est noir... » (*Iti-*
néraire de Hhâggy-Ebn-El-Dyn, p. 15).

(*) Ebn-el-Dyn, natif ou originaire d'El-Aghouath, entreprit avant 1830 le saint
pélérinage de la Mecque : ce qui lui valut le titre respecté de *hhâggy* (pélerin).

A la prière de M. Hodgson, consul général des États-Unis à Alger, Ebn-el-Dyn rédigea,

avoir laissé une garnison française et indigène, et atteint bientôt
le khalifat d'Abd-el-Khader (Mohammed-Seghir), qui s'était
réfugié dans l'oasis de Mchounech, position fortifiée et réputée
inaccessible au pied du mont Aurès (l'Aurasius). Après un
combat très-vif, où le duc de Montpensier est blessé en char-
geant lui-même à la tête des troupes, la position est enlevée par
l'infanterie, et Mohammed-Seghir prend la fuite vers le territoire de Tunis.

La position stratégique de Mchounech est tout-à-fait digne
de remarque. On croit lire dans le rapport de M. le duc d'Aumale une des descriptions de cette partie de l'Aurasius, faite par
Procope il y a treize siècles.

« Le groupe de montagnes connu sous le nom de Djebel-
» Aurès, dit le rapport, se termine, *vers le sud*, par des rochers
» escarpés à-peu-près inabordables. C'est au pied de cette chaîne
» qu'est située l'oasis de Mchounech. L'oued-el-Abiad (*l'Abi-*
» *gas*), sortant d'une gorge étroite et entièrement impraticable,
» arrose une petite vallée remplie de palmiers, de jardins bien
» cultivés et de maisons en pierre.

» Cette vallée est enfermée au nord par le Djebel-Ahmar-
» Kaddou, qui dépend du groupe de l'Aurès, et qui n'est acces-
» sible que par un sentier très-difficile. Sur les flancs déboisés
» et à pic, se trouvent trois petits *forts*, solidement construits,
» et un village retranché dont la position est réputée inexpu-
» gnable, et qui sert de *dépôt*, non-seulement aux habitants de
» l'oasis, mais à beaucoup de gens de l'Aurès et du Saharâ. Au
» sud, deux collines moins élevées dominent l'oasis à l'est et à
» l'ouest (1). »

Voici le récit de Procope : « Les Maures, après avoir été

en 1829, la relation de ses voyages, et lui en fit présent. Cette relation, écrite sans art,
offre tous les caractères de la sincérité · elle nous a été extrêmement utile pour nos
recherches sur le commerce de l'Algérie avec l'Afrique centrale (V. l'*Appendice*).

(1) *Moniteur* du 6 avril 1844.

» vaincus par Salomon renoncèrent à disputer la victoire aux
» Romains en bataille rangée. Ils se flattèrent que la difficulté
» de se maintenir dans l'Aurasius contraindrait l'ennemi à se
» retirer de leurs montagnes.... Leur roi Jabdas y resta avec
» vingt mille hommes, et y choisit une position défendue de
» tous côtés par des précipices et des rochers taillées à pic. Ce
» lieu est nommé Tumar... (1). »

Tumar, ajoute M. Dureau de la Malle, devait être sur la chaîne
méridionale de l'Aurasius, au-dessus des sources de l'*Abigas* (2).

Procope continue : « Jabdas avait été blessé à la prise de
» Tumar, et s'était sauvé en Mauritanie... Restait un petit châ-
» teau-fort, nommé la *Roche de Géminien*, bâti sur un roc qu
» s'élève à pic, au milieu des précipices.... Jabdas y avait dé-
» posé ses femmes et ses trésors. Les Romains ne purent y grim-
» per qu'en s'aidant des pieds et des mains, et en se soulevant
» l'un l'autre ; cependant ils réussirent à l'escalader, et s'empa-
» rèrent du trésor, dont Salomon se servit pour fortifier beau-
» coup de villes en Afrique (3) »

Rapprochez maintenant de ce récit celui de M. le duc d'Aumale. Ne semble-t-il pas évident que si l'oasis de Mchounech
n'est pas Tumar ou Geminianus, elle n'en est pas loin ? Tumar
et Geminianus, d'après M. de la Malle, se trouvaient à côté l'un
de l'autre ; Tumar était au-dessus des sources de l'Abigas :
Geminianus n'était donc pas loin de l'Abigas ; or, l'oasis de
Mchounech est précisément traversée par l'Abigas. Le prince
suit, à chaque pas, la trace des Romains.

Après ce hardi coup de main, on ne rencontra plus d'ennemis,
et la colonne expéditionnaire revint à Constantine.

(H) On ne saurait constater avec trop de soin ces résultats inat-
tendus ; car ce n'est pas sur un seul point, c'est presque par-

(1) *Bell. Vand.*, II, xix.
(2) *Recherches sur la Régence d'Alger*, p. 140.
(3) *Bell. Vand.*, II, xx.

tout qu'il se manifestent, et l'expédition de Lagouat (El-
Aghouath), en offre peut-être l'exemple le plus remarquable.

Au mois d'avril dernier, le chef de cette ville importante par
son commerce, avait envoyé son frère à Alger, pour présenter à
M. le Gouverneur général les chevaux de soumission. Il s'a-
gissait à notre tour d'aller à Laghouat, et de l'installer kalifat
au nom de la France. Laghouat est à 110 lieues sud d'Alger,
à 94 de Medeah et à 80 de Boghar, dernière limite du Tell de
ce côté de l'Algérie.

M. le général Marey fut chargé de l'expédition. Il emmenait
avec lui un petit corps de troupes, qui n'atteignait pas 3,000
hommes. Il avait de plus 1,400 bêtes de somme avec quarante
jours de vivres, et un équipage de dromadaires monté, pour la
première fois, par nos soldats.

La colonne, partie de Medeah le 1er mai, fut assaillie par de
furieux orages, et n'atteignit Taguin que le 14 ; du 18 au 21,
elle traversait la chaîne du Djebel-Amour ; le 22 elle était près
de Aïn-Madhy, petite place forte où pénétrait hardiment M. le
lieutenant-colonel de Saint-Arnaud, suivi de 12 officiers et de
quelques cavaliers (1); le 27 on entrait à Laghouat, on installait
le kalifat, on percevait l'impôt sans aucune résistance ; le 30 on
poussait jusqu'à Boudrin, sur l'Oued-el-Hemer, à 11 lieues
au-delà de Laghouat, et plus loin qu'aucune colonne turque
n'avait jamais été ; le 1er juin on quittait Laghouat pour reprendre

(1) Aïn-Madhy a de hautes murailles en bonne maçonnerie, généralement
flanquées avec créneaux. Il y a deux entrées. Celle où est la maison du marabout Tedjini, dont la famille gouverne ce pays depuis longues années, peut
passer pour très-forte ; les portes sont garnies en fer blanc, et donnent sur
une place entourée de murs crénelés, avec autres portes pour pénétrer en
ville. Pour des Arabes Aïn-Madhy est presque imprenable, et on se rappelle
qu'elle résista pendant neuf mois à toutes les attaques d'Abd-el-Kader qui
n'y entra que par surprise. Il fallait donc tout l'ascendant du nom français
pour que Tedjini consentit à recevoir M. de Saint-Arnaud dans l'intérieur de
sa citadelle, et à nous payer, en même temps, un tribut de deux mille boudjoux,
que le général Marey lui renvoya, du reste, dès le lendemain.

la route du Tell, et le 11 on était revenu à Boghar, après un
trajet de 170 lieues parcouru en 32 jours, et par une chaleur
où le thermomètre marquait quelquefois 40 degrés à l'ombre.

« Malgré cela, dit M. le général Marey, malgré les sables,
» malgré la pénurie ou la mauvaise qualité des eaux, nous n'a-
» vons rien laissé en arrière ; il n'y a pas eu un accident, ni
» un vol de fusil.... Il n'y a pas eu de maladies graves.

» La discipline de nos soldats a fait l'admiration de tout le
» pays, qui avait toujours vu les camps des beys et d'Ab-el-
» Kader piller les maisons, les jardins et tous les gens qui ne
» pouvaient se défendre... L'impression laissée par notre opéra-
» tion a été certainement celle d'une organisation sociale et
» militaire supérieure, ayant une grande puissance d'ordre et de
» discipline envers nos sujets, devant être très à craindre pour nos
» ennemis et inspirant une grande confiance en la parole donnée.
» A Tejmout, où nous parûmes d'abord, chacun voulait s'é-
» loigner ; il fallut toute l'autorité du kalifat pour rassurer ; mais
» quand on vit que nous respections les propriétés, que per-
» sonne n'était maltraité, que tout était payé exactement, que
» nous avions une mission, non de destruction, mais d'ordre
» et dans l'intérêt du pays, personne ne songea à fuir ; nous
» trouvâmes partout une grande confiance, on fit même à nos
» soldats un accueil cordial que je n'avais encore observé nulle
» part en Algérie. » (1)

Au surplus, M. le général Marey ne se borne pas au simple
récit des opérations militaires : son rapport est un des documents
les plus curieux que l'on puisse consulter sur le Saharâ algérien.

« Le pays, depuis la mer jusqu'au grand désert, présente

______

(1) Peut-être faut-il attribuer également cet accueil si empressé à une prédiction singulière qui courait alors dans le Saharâ. On assurait qu'un marabout célèbre avait prédit, il y a cent trente ans, que les Français prendraient
Alger, viendraient à Laghouat et pousseraient jusqu'à l'Oued-el-Hemer.

La prédiction probablement n'a pas été faite ; mais on y ajoutait foi et
cela suffit.

» six climats différents : la Metidjah , terrain chaud , bas, hu-
» mide ; l'Atlas, qui a vingt-cinq lieues de largeur, dont le cli-
» mat est celui du midi de la France, et qui finit à Boghar ; le
» petit désert , terrain assez élevé et peu arrosé ; puis, le Djebel-
» Amour et le Djebel-Sahari , qui ont vingt-cinq lieues de lar-
» geur et une hauteur analogue à celle des Vosges ; vient ensuite
» le bassin du Mzi, présentant une série de chaîne de hauteurs
» abruptes : le terrain est aride, la chaleur forte ; enfin , après
» Lagouhat, vient le grand désert sans eau et sans montagnes.
» Dans la Métidjah croissent l'aloës, le figuier de Barbarie,
» l'oranger, qui ne réussissent pas dans l'Atlas ; le palmier qui
» n'y donne pas de dattes. Les arbres de l'Atlas sont ceux du
» midi de la France : l'orme, le chêne vert, etc. Les céréales
» poussent sans irrigations, de la mer jusqu'à Boghar ; à partir
» de là, elles exigent de l'eau, sauf dans quelques parties hautes
» du Djebel-Amour et du Djebel-Sahari, et sur les plateaux
» de l'ouest du petit désert, en face de Tiaret, qui sont très-
» élevés, et qui donnent naissance aux sources du Chélif, de la
» Mina, du Sig, et des ruisseaux qui se rendent dans les Chotts
» (marais saumâtres).

» Les arbres du désert sont : le lentisque, le genevrier, et
» quelquefois le garoubier ; ceux des parties basses des monta-
» gnes sont le pin et le tuya ; le chêne vert se trouve au haut
» des montagnes de l'Atlas, du Djebel-Sahari, et du Djebel-
» Amour ; les palmiers ne donnent du fruit qu'au sud de ces
» dernières montagnes : dès qu'on les a passées, le blé et l'orge
» sont des denrées très-rares ; la datte est la base de la nour-
» riture ; les végétaux, les reptiles, les insectes, les oiseaux,
» les minéraux, la nature entière ont un caractère tout parti-
» culier, comme les mœurs des habitants ; c'est le type de
» l'Afrique centrale (1).

(1) Il faut ajouter cependant que les oasis contiennent beaucoup d'arbres
fruitiers.

A Aïn-Madhy, les palmiers ont une hauteur de vingt à trente mètres ; les

» Partout, même dans le grand désert, le terrain m'a paru
» formé généralement de très-bonnes terres végétales, sur les-
» quelles s'étend une couche de sable fin, probablement apporté
» par le vent du midi; cette couche est sensible à partir de
» Taguin; elle est plus forte à Zaghaz, dans les Djebel-Amour
» et Sahari, enfin très-forte près de Tejmout et au delà. On
» remarque sur les hauteurs abruptes, auprès de Laghouat,
» que le côté nord est sans sables, et que le côté sud en pré-
» sente de grandes agglomérations. Presque toutes les rivières
» au delà du Djebel-Amour sont des torrents qui donnent lieu
» à de grandes inondations, et qui coulent ensuite généralement
» sous terre. La rivière principale, le Mzi, disparaît sous le sable
» au-dessous de Tejmout, reparaît à Recheg, disparaît encore,
» reparaît à une demi-lieue de Lagouhat, et disparaît ensuite
» complétement.

» Le petit désert présentait une immense quantité d'herbes
» fourragères excellentes en mai et juin. On en trouvait moins
» au Djebel-Amour, et il n'y en avait au delà que dans
» certains endroits encore humides. Partout était encore une
» grande quantité d'halfa (jonc), même dans le grand désert;
» l'aspect général de tout le pays était celui d'une grande prairie
» d'halfa. Mais au mois de juillet l'herbe et l'halfa se dessèchent,
» sauf dans quelques parties humides et hautes; alors les trou-

poiriers, les amandiers sont comme nos gros chênes, et les légumes y sont
très-bons.

A Laghouat, un ruisseau parcourt de magnifiques jardins qui forment au
nord et au sud de la ville, comme deux hautes forêts de trois mille mètres de
longueur; le palmier, le figuier, le pêcher, le prunier, l'abricotier, l'amandier,
le murier, le bananier y croissent facilement et les légumes sont très-variés.

Le voyageur arabe Ebn-el-Dyn avait déjà fait cette observation pour
Laghouat. « Le pays d'El-Aghouath produit des fruits en abondance, tels que
» dattes, figues, *raisins*, coings, grénades et poires. . . Le commerce y est
» florissant et la culture y est soignée. . . Les scorpions et la peste n'appro-
» chent point de la ville, parce qu'elle a été fondée sous un favorable horos-
» cope » (*Itinéraire de Hâggy-Ebn-el-Dyn*, p. 2).

» peaux n'y peuvent vivre. L'herbe reparaît dans l'hiver. Nous
» avons trouvé dans tout le sud, à partir de Boghar une très-
» grande quantité de truffes. Elles ont la peau lisse comme la
» pomme de terre, la forme de la truffe et sa grosseur. Elles
» sont blanches, sans grande saveur; c'est un manger recher-
» ché et sain, et même un objet de commerce. Parmi les rep-
» tiles du grand désert, on remarque la vipère à cornes, qui est
» très-commune. »

M. le général Marey fait également observer que les sangsues
sont tellement nombreuses, qu'il en a fait prendre 4,000 et qu'il
aurait pu en avoir 100,000. Il signale enfin un quatrupède extrêmement curieux, mais fort rare, le Méhari, espèce de chameau
qui habite l'Afrique centrale et qui fait, dit-on, cinquante,
soixante, et même cent lieues par jour. L'expédition a ramené
avec elle trois de ces animaux, offerts en présent par le kalifat des
Larba et des Ouled-Naïl.

Après cette description remarquable de l'aspect physique du
Sahara algérien, le général s'occupe des habitudes et des relations commerciales des populations qu'il a visitées.

« Dans le petit désert, les tribus cultivent un peu vers le Tell
» ou dans le voisinage des rivières; elles élèvent de nombreux
» bestiaux, qui trouvent sur leurs terrains une nourriture suf-
» fisante en automne, assez abondante l'hiver, très-abondante
» au printemps; pendant l'été, elles rentrent dans le Tell. Les
» tribus du Tell vont, pendant l'hiver, dans le petit désert pour
» éviter le froid des montagnes, ménager leurs pâturages et uti-
» liser ceux du désert. Dans le Djebel-Amour et le Djebel-Sa-
» hari, une partie de la population et des bestiaux peut rester
» l'été dans quelques parties arrosées des montagnes. Quant au
» grand désert, la culture est nulle; on utilise seulement les
» pâturages par des troupeaux de moutons et de chameaux; ces
» animaux peuvent rester trois mois sans boire l'hiver; les
» hommes et les chevaux boivent le lait des brebis et chamelles,
» et de l'eau qu'on apporte sur des chameaux.

» Rien ne les forçant de se fixer sur un point plutôt que sur
» un autre, les tribus font un commerce très-lucratif ; l'hiver,
» elles vont à Tongourt (Tuggurt), y vendent leurs laines,
» beurre, fromage, bestiaux, grains du Tell, marchandises de
» l'*Europe*, et elles y achètent des dattes, des étoffes de laine,
» des esclaves, des plumes d'autruches, etc. : elles reviennent
» au printemps, en communiquant avec les Beni-Mezab, et
» laissent reposer leurs chameaux près de Laghouat. Quand
» l'été vient, elles se rendent dans le Tell, vendent les mar-
» chandises du sud et achètent celles du nord et le grain ; elles
» reviennent chez elles au commencement de l'automne, laissent
» reposer leurs chameaux, et recommencent chaque année ces
» grandes oscillations, qui leur font faire 400 lieues par an.

» Rien de plus aventureux que la vie de ces Arabes des
» Larba, par exemple ; ils sont divisés en fractions qui, régu-
» lièrement chaque année, se font la guerre en rentrant sur
» leur terrain ; ils passent par la force chez leurs ennemis ; ils
» sont attaqués par les tribus pillardes, comme les Tronds, les
» Châmba, qui sont les pirates du désert ; ils attaquent ceux
» qui y passent ; s'allient avec leurs amis pour combattre en
» passant les ennemis de ceux-ci. Ils doivent connaître à fond
» la politique, les intérêts commerciaux, les conditions sani-
» taires de tous les pays qu'ils fréquentent ; leur existence et
» leurs bénéfices en dépendent ; aussi ces Arabes sont-ils in-
» telligents, braves, décidés et très-durs à la fatigue comme
» aux privations ; ils boivent très-peu ; il est honteux chez eux
» de boire beaucoup, et honorable de pouvoir passer plusieurs
» jours sans boire.

» Ces tribus sont comme de grandes maisons de commerce
» qui réaliseraient d'immenses bénéfices, si les maîtres du Tell
» ne leur faisaient payer des droits considérables pendant l'été,
» si elles ne se déchiraient pas entre elles, et si la guerre
» qu'elle font de tous côtés ne leur occasionnait pas de grandes
» pertes ; elles sont néanmoins très-riches.

» Elles ne pourraient pas facilement ni sûrement transporter

» partout avec elles leurs marchandises; il leur faut nécessairement
» des magasins ; de là vient l'établissement des divers ksars (vil-
» lages) qui bordent le désert et qui sont là ce que sont les
» ports pour la marine marchande; chaque tribu a le sien ;
» les uns sont mis sous la protection des marabouts, comme
» Aïn-Madhi, Cheref-Sidi Bousid, etc., d'autres sont gardés
» par les tribus mêmes ; d'autres enfin, comme Laghouat, dé-
» pendent de chefs, non de la tribu. Les ksars ne peuvent pas
» plus se passer des tribus, que les tribus des ksars; *tous dé-*
» *pendent de plus des chefs du Tell*, sans lequel les hommes
» et les troupeaux du désert périraient. Aussi le proverbe du
» désert est-il : — *Celui-là est notre père qui est le maître de*
» *notre mère, et notre mère est le Tell.* » (1)

3. Étendue de l'Algérie : 250 lieues de longueur, 40, 50
et 100 lieues de largeur. — Population : 5 à 6 millions d'habitants au moins.

Quelques auteurs ont adopté une estimation beaucoup
moindre pour ce qui regarde la population. Malte-Brun ne l'éva-
luait qu'à 800,000 âmes ; M. le consul Shaler, en 1826, la pla-
çait plutôt au-dessous qu'au-dessus d'un million; c'était l'opinion de M. le colonel Juchereau de Saint-Denis, qui fit partie
de l'expédition de 1830, opinion également partagée par le
rédacteur d'un savant article inséré dans le journal *l'Algérie,*
du 26 janvier de cette année.

Cependant, depuis 1830, l'ancienne Régence a été parcourue
en tous sens, et il résulte de la plupart des documents que nous
avons eus sous les yeux que les premières estimations étaient
beaucoup trop faibles. Dès la fin de 1830, le *Journal des
Sciences militaires* portait la population à près de 1,900,000
âmes, et en 1837, M. Dureau de la Malle pensait qu'on pou-

(1) *Rapport* de M. le général Marey, inséré dans le *Moniteur* du
15 août 1844 ; — *Voy.* sur les villes d'Aïn-Madhi et d'El-Aghouath, le *Moniteur Algérien* du 20 avril, le *Toulonnais* du 2 juillet, etc.

vait la faire monter à près de quatre millions d'individus (1)·

Les rapports des voyageurs constatent, en effet, sur certains points, la présence d'une population considérable. On rencontre des tribus de 40 et 50,000 âmes. « A toutes les demi- « lieues, nous trouvions des douars, dit M. l'abbé Suchet, car » ces déserts sont plus peuplés que les Européens ne le pensent.» — « D'après de précieux renseignements, dit M. l'évêque d'Alger, on évalüe à cinq ou six millions le nombre total des indigènes (2),» et d'après des documents officiels, ce nombre serait encore plus élevé (3).

L'ancien chiffre de l'impôt avait été également fixé trop bas. Les Turcs n'avaient point de comptabilité régulière : nous ne pouvons donc former à cet égard que des conjectures. Suivant Thomas Shaw, les taxes annuelles de la régence, au commencement du dix-huitième siècle, produisaient 1,647,000 fr.; M. Shaler les fait monter, pour l'année 1822, à environ 2,360,964 fr. Mais on doit y ajouter beaucoup d'autres revenus, tels que les contributions en nature, les droits de succession et d'importation, les dons plus ou moins volontaires, les exactions fréquentes des collecteurs, etc. (Dureau de la Malle, p. 194). En 1843, malgré les malheurs inséparables de l'invasion, malgré la difficulté des transactions commerciales dans un pays ruiné par la guerre, les revenus de l'Algérie ont dépassé dix millions de francs, parmi lesquels l'impôt arabe figure pour 3 millions (4), et les importations ont atteint près de 78 millions (5).

(1) *Recueil de renseignements sur la province de Constantine,* p. 151.

(2) *Annales de la Propagation de la foi* pour les années 1842 et 1844.

(3) Sept millions. — *Rapport* fait au nom de la commission des crédits supplémentaires de l'Algérie, par M. le général de Bellonnet (Séance de la Chambre des Députés du 17 mai 1844).

(4) *Moniteur algérien* du 4 avril 1844.

(5) Tous les jours nous voyons les Arabes acheter dans nos villes et emporter au sein de leurs tribus d'énormes ballots ; les négociants juifs et européens suffisent à peine aux demandes. Pour y faire face, une maison d'Alger vient, assure-t-on, de commander en France pour *cinq millions* de tissus, à l'usage du pays (*L'Algérie* du 26 avril.)

L'importance de l'Algérie n'a donc pas été exagérée ; au contraire, les premières estimations avaient été trop faibles : on
s'était trompé *en moins*. Et, en vérité, que savait-on de l'Algérie il y a quelques années ? Qui aurait jamais pu croire, soit à
cette grande population nomade, dispersée jusque dans les
sables, soit à ces nombreux villages de tribus agricoles et séden-
tair es ? Qui aurait jamais pensé, il y a quatorze ans, qu'on y natu-
raliserait si rapidement le coton, la soie, l'indigo, la cochenille ?
Qui songeait seulement à ses richesses naturelles (nous ne par-
lons pas des céréales , ni des oliviers) ; mais qui songeait à ses
orangers, à ses vignes, à ses champs de garance, de safran, de
tabac, à ses forêts de cèdres séculaires, cachées dans les flancs
de l'Atlas ? Qui aurait pu s'attendre surtout à cette pacification
presque générale, à cette soumission si prompte des tribus les
plus hostiles , à cette transformation tellement singulière d'un
pays où naguère encore on ne voyageait qu'avec une armée, qu'un
homme seul peut y faire aujourd'hui plus de cent lieues , sur
la simple recommandation de M. le maréchal-gouverneur ?

Un semblable état de choses a dû vivement frapper les esprits,
et l'on conçoit maintenant qu'un observateur impartial ait pu
dire, en présence de ce qu'il voyait : « Les résultats de la
» guerre ont dépassé tout ce qu'on pouvait attendre. Pour mon
» compte, je n'hésite pas à l'avouer ; *je ne croyais pas que*
» *l'on pût réaliser de pareils résultats en aussi peu de temps.*
» Je suis bien heureux de reconnaître que je me trompais dans
» mes craintes, et j'accepte avec bonheur ce démenti que me
» donnent les faits. Bien d'autres partageaient mon erreur, et
» le reconnaîtraient comme moi, s'ils voyaient de leurs yeux ce
» que je viens de contempler....

» L'heureuse issue de la guerre est due à cette héroïque
» armée et à l'habile capitaine qui l'a commandée (1). »

(1) *Discours de M. G. de Beaumont* à une députation des habitants d'Alger, inséré dans *l'Algérie* du 26 janvier 1844.

APPENDICE

SUR LE COMMERCE DE L'ALGÉRIE AVEC L'AFRIQUE CENTRALE.

APPENDICE

SUR LE COMMERCE DE L'ALGÉRIE AVEC L'AFRIQUE CENTRALE.

On a vu dans le cours de cet écrit, que le Tell algérien vendait au Saharâ septentrional des grains, de l'huile, et des objets de fabrication européenne. A son tour le Saharâ apporte au Tell des dattes, des étoffes de laine, des esclaves, etc., qu'il va chercher jusque dans le Soudân.

Avant 1830, ce commerce était fort actif : interrompu pendant la guerre, il tend aujourd'hui à se ranimer. Nous pensons, en effet, que les besoins d'échange entre le Tell et le Saharâ, sont restés assez puissants pour qu'ils attirent de nouveau en Algérie les caravanes de l'intérieur de l'Afrique et *vice versâ*.

A cet égard, qu'il nous soit permis de ne point partager l'opinion de la commission de la Chambre des Députés qui a été chargée, cette année, de l'examen des crédits supplémentaires. « M. le président du conseil nous ayant annoncé, dit-elle
» dans son rapport, qu'il cherchait à lier des relations entre
» Biskra et Tuggurt, pour mettre l'Algérie en communication
» commerciale avec l'intérieur de l'Afrique, et nous ayant fait
» connaître que l'établissement de semblables communications
» était un des motifs de l'expédition de Laghouat (El-Aghouath),
» nous avons dû rechercher quels étaient les avantages que l'on
» pourrait retirer de ces relations....
» Il résulte de nos recherches que les circonstances géogra-
» phiques et la nature des populations du désert étant les
» causes déterminantes de la marche des caravanes, qui, de

» Tripoli, à l'est, et de Mogador, à l'ouest, pénètrent dans l'in-
» térieur de l'Afrique, il n'y a pas lieu de compter sur le dépla-
» cement d'un commerce qui, du reste, ne présenterait que
» des avantages très-bornés.... (1). »

Nous en demandons pardon à l'honorable rapporteur. Il ne s'agit pas du déplacement, mais du *replacement* de l'ancien commerce qui a existé de tout temps entre l'intérieur de l'Afrique et la régence d'Alger. Sans aucun doute, nous ne prétendons pas faire arriver en Algérie les caravanes de Tripoli et de Mogador : on ne change pas arbitrairement les routes du désert; mais nous croyons qu'on peut y rappeler celles que la guerre seule en a détournées depuis 1830, et voilà pourquoi il est utile que la France exerce une influence réelle sur les pays de Tuggurt et d'El-Aghouath, car c'est par là précisément que passaient les caravanes de l'Algérie.

Deux honorables membres de la Chambre ont déjà traité cette question (2). M. Baude établit parfaitement que les caravanes venaient autrefois à Médéah, à Constantine, à Alger. « Oran , dit M. St-Marc-Girardin, était
» aussi un des principaux rendez-vous des caravanes : elles n'y
» viennent plus : notre conquête, d'une part, et, de l'autre,
» l'habileté commerciale de l'empereur de Maroc , ont causé
» cette interruption. » — « Cependant, dit M. Baude, malgré
» l'établissement de plusieurs maisons européennes à Mogador,
» le commerce y est encore resté soumis à trop d'avanies et de
» difficultés pour qu'Oran ne l'emporte pas sur Mogador, si
» Oran devient un port franc. Abd-el-Kader lui-même avait
» tenté d'attirer à Mascara la caravane de Tafilet. »

Des caravanes partaient, à leur tour, des différents points de la Régence pour se rendre dans l'intérieur de l'Afrique. A l'é-

(1) *Rapport fait au nom de la Commission des crédits supplémentaires de l'Algérie*, par M. le général de Bellonnet (séance du 17 mai 1844).

(2) *De l'Algérie*, par M. Baude, 2 vol., 1840. — M. Saint-Marc-Girardin, *Revue des deux Mondes*, pour 1841.

poque du pélerinage de La Mecque, elles allaient rejoindre la grande caravane du Maroc, qui les attendait à Ouerghela (Ouer-qelah), oasis placée dans le désert, à plus de cent cinquante lieues de la Méditerranée. Il y avait des stations intermédiaires. Médéah et El-Aghouath étaient les stations d'Alger; Biskra et Tuggurt étaient les stations de Constantine. Aujourd'hui, les caravanes de pélerins n'existent plus, et ce n'est pas là l'un des moindres griefs que notre conquête a suscités parmi les po-pulations arabes.

L'interruption des caravanes a donc amené celle de presque tout le commerce intérieur. Il est vrai que, suivant la commission, » ce commerce ne présenterait que des avantages très-bornés; » mais c'est là évidemment une erreur contre laquelle proteste l'existence même des caravanes. Quoi qu'on puisse dire, le Saharâ ne peut point se passer des grains du Tell, et il ne s'en est point passé depuis 1830; seulement, quand il ne les achetait pas chez nous, il les achetait ailleurs (1).

Nous connaissons Biskra, El-Aghouath et Tuggurt.

Biskra, où M. le duc d'Aumale vient de s'établir, est un rendez-vous de caravanes; c'est par là qu'elles vont à Constan-tine. Les Turcs, et après eux, Abd-el-Kader, occupaient Biskra pour avoir la clef de tout le commerce du Zâb. (2).

El-Aghouath où nous avons installé un khalifat, est la capi-tale du petit désert de l'ouest (3).

(1) Dans le Maroc et dans la régence de Tunis.

On s'occupe plus particulièrement ici du commerce avec le Saharâ septentrional et central, bien que le commerce avec le Soudân ne soit pas sans importance, comme on le verra tout à l'heure.

(2) Les Romains, nos maîtres, en avaient fait autant. On trouve dans la *Notice des dignités de l'Empire*, un préposé de la frontière du Zâb *(Limitis Zabensis præpositus)*.

(3) Il paraît que les Romains avaient un poste à cet endroit. «A l'est d'El-» Aghouâth sont les ruines d'une ville dont les princes, à une époque éloignée, » étaient chrétiens (c'est-à-dire *Romains)*. Il y a beaucoup d'inscriptions que » l'on peut voir parmi ces ruines » *(Itinéraire d'Ebn-el-Dyn, p. 2)*. Quelle était cette ville inconnue jusqu'à présent?

« Tuggurt est une cité d'abondance et de richesses : elle est ceinte de murailles avec des portes... et a juridiction sur vingt-quatre villages. Le marché de Tuggurt est fort grand...» (1)

Enfin le désert lui-même, l'immense Saharâ proprement dit, est peuplé et commerçant. Ebn-el-Dyn, qui s'est avancé jusqu'au 27° latit. N., indique, sur les différentes routes qu'il a parcourues depuis El-Aghouath, de vastes oasis où l'on trouve des marchés considérables, tels que ceux de Ghardeyah, « qui contient deux mille quatre cents maisons (2) ; » d'Ouerqelah, « très-grande ville, qui a des puits *artésiens* ; » de Temymoun, « dont les moutons noirs ont des poils semblables à ceux des chèvres ; » de Qorarah, où l'on compte « près de vingt villages ; » et d'Aoulef, « principale ville du Touat. » Cette oasis, ainsi que celle de Qorarah, échange contre les esclaves et la poudre d'or que lui apportent les caravanes du Belêd-el-Soudân (pays des Nègres), « des soieries, du fer, des verroteries et autres marchandises analogues (3). »

Ainsi, plus de doute. En partant d'El-Aghouath, vous arrivez au Touât, où vous rencontrez les marchands de la Nigritie. En partant de Tuggurt, vous arrivez également au Touât, et c'est

---

(1) *Hîc*, p. 47 et 73.

(2) Il y a probablement une erreur, car Ebn-el-Dyn ne donne à Tuggurt que quatre cents maisons.

(3) *Itinéraire d'Ebn-el-Dyn*, p. 5-10.

C'est une particularité extrêmement curieuse que celle de l'existence des puits artésiens au milieu du désert. Dans une lettre écrite d'Alger le 10 août de cette année et publiée par le *Journal des Débats*, un savant ingénieur (M. Fournel), exprime l'opinion qu'il lui sera facile, d'après la nature du sol, d'en creuser un grand nombre sur les routes dessechées du Saharâ.

Cette opinion de M. Fournel est d'autant mieux fondée que les puits artésiens, existent en effet, sur plusieurs points. Voici le passage positif d'Ebn-el-Dyn :

« Ouerqelah a d'abondantes sources d'eau ; elles sont obtenues de la manière » suivante : un puits est creusé à une profondeur de cent soixante-dix edzra » (coudées), ce qui atteint l'eau douce. Le puits se remplit immédiatement » d'eau et *devient ruisseau*. »

encore au Touât que viennent converger les routes de Tripoli par
Ghadamès et de Fez par Tafilet (1).

Nous pourrions nous dispenser maintenant d'examiner la
Note supplémentaire sur le commerce du Soudân rédigée par

---

(1)   ROUTE D'ALGER

A PARTIR D'EL-AGHOUATH JUSQU'A L'OASIS DE TOUAT, INCLUSIVEMENT,

D'APRÈS EBN-EL-DYN.

Ebn-el-Dyn a partagé cette route en trois itinéraires principaux, qui, réu
nis, donnent un ensemble de 21 stations :

    I. Itinéraire d'El-Aghouath à Metslyli. . . . . 5 stations.
    II. Itinéraire de Metslyli à El-Qoleya'h. . . . 5 »
    III. Itinéraire d'El-Qoleya'h à El-Touât. . . . 11 »

                         Total. . . . . . 21 stations.

La dernière station désignée par Ebn-el-Dyn est Ayn-el-Ssâlahh (la
fontaine des saints). Ce lieu, visité avec respect par les pieux musulmans,
est ainsi appelé à cause des santons qui y demeurent ou qui y ont leurs
tombeaux. « Alors vient le pays des Soudân, plus au sud, lequel est fré-
» quenté pour la traite des esclaves et de la poudre d'or. »

Les cartes ordinaires ne font aucune mention de cette route directe
qui va d'Alger au pays de Touât. On y trouve bien les grands chemins de
caravanes qui, partant de Tripoli à l'est et du Maroc à l'ouest, viennent
se rejoindre à Aghably, autre station méridionale, placée sur les limites
extrêmes du Touât; mais entre l'Algérie et le Touât, elles n'indiquent rien,
rien que le désert aride et nu. Et cependant voici une route, voici des
villes, voici des marchés, voici une population sédentaire et commerçante...
population organisée et civilisée à certains égards, car elle a « des sol-
» thâns et des mosquées »; population paisible et bienveillante même, car
Ebn-el-Dyn ne rencontre présque partout que de vrais croyants « qui
» jeûnent, prient, lisent le Qôran et font des aumônes » (Ebn-el-Dyn,
Description de la contrée de Touât, p. 9.)

D'après des renseignements fournis à Oran par des Arabes, en novembre 1832, et recueillis par le lieutenant-général Boyer, il y a une
autre route vers le Soudân qui part de Bozamoghan, ville située à environ
60 lieues ouest d'El-Aghouath, et presque sous le méridien d'Oran. A partir
de Bozamoghan on met 10 jours pour aller jusqu'à Gourara; 10 jour
jusqu'à Tedikitz (le Tedikels, sans doute, du pays de Touât); et enfin 10
jours encore jusqu'au Beled-el-Soudân. (Études de géographie critique
ur une partie de l'Afrique septentrionale, par M. d'Avezac, p. 69.)

l'un des membres de la commission ; car nous nous occupons principalement du Saharâ *septentrional et central*. Disons-en pourtant quelques mots, parce que le commerce du Soudân avec le nord de l'Afrique a plus d'importance qu'on ne croit généralement (1).

Et d'abord, l'auteur de la Note paraît s'être mépris sur la pensée du Gouvernement. Il suppose, en effet, que, d'après les explications de M. le président du conseil, « l'espérance d'éta-
» blir des relations *directes* entre l'Algérie et Tombouctou
» ne serait pas étrangère aux mouvements de nos troupes
» vers le Sud, et que c'est là le but de notre expédition de
» Laghouat : » il cherche à démontrer ensuite que « la per-
» spective chimérique d'un commerce insignifiant (avec cette
» partie lointaine de l'Afrique) ne doit pas compter parmi les
» avantages de l'Algérie, et qu'elle ne saurait raisonnablement
» influer sur le système de notre occupation, ni motiver d'une
» manière satisfaisante aucune expédition militaire. »

Telle n'est pas la question, et le rapport de la commission elle-même reproduit tout autrement le langage de M. le maréchal duc de Dalmatie. M. le président du conseil a seulement dit qu'il voulait établir des relations *entre Biskra et Tuggurt ;* ce qui est tout naturel, puisque déjà nous sommes à Biskra. Il veut en établir également *entre Alger et El-Aghouath ;* ce qui n'a rien non plus que de très-conséquent, puisque El-Aghouath reconnaît notre autorité. M. le président du conseil ajoute, il est vrai, que c'est « pour mettre l'Algérie en communication
» commerciale avec l'intérieur de l'Afrique. » Mais s'agit-il, pour cela, de commercer *directement* nous-mêmes avec Tombouctou ? Le commerce algérien peut s'avancer profondément dans l'intérieur de l'Afrique sans pénétrer jusqu'à cette mystérieuse ville.

(1) NOTE *sur le commerce du Soudân avec le nord de l'Afrique*, par M. Jules de Lasteyrie.

Cependant, nous l'admettons un moment : M. le président
du conseil veut commercer avec Tombouctou. Eh bien ! nous
disons que l'auteur de la Note s'en effraye à tort, et que nos
négociants arabes ne seront pas obligés de s'aventurer jusque-
là, car ils trouveront sur toute leur route les caravanes qui
viennent du Soudân ; ils les trouveront à Tuggurt, et même
à El-Aghouath (1) ; ils les trouveront enfin au Touât, où
Ebn-el-Dyn les a rencontrées. Or, l'oasis de Touât est située par
27° latitude nord, et Tombouctou par 16 ; différence 11 degrés.
C'est donc environ 250 lieues de moins qu'ils auront à faire.

Le Touât est un grand marché que M. de Lasteyrie indique
à peine et d'une manière tout-à-fait accidentelle. « Les Toua-
» riks, dit-il, conduisent les caravanes de Tripoli et du
» Fezzan jusqu'à Tombouctou. Ils traversent alors le Touât au
» sud de l'Algérie. » La mention est courte : c'est là pourtant
qu'aboutit la grande ligne commerciale qui part d'Alger. Ebn-
el-Dyn y a vu « des *soieries*, du fer, des verroteries, » que les
marchands du Soudân y achètent chaque année. De quel
côté venaient ces soieries ? — Du Maroc ou de Tripoli, dira
M. de Lasteyrie. — Nous répondons : Pourquoi pas d'Alger ?
Ebd-el-Dyn voyageait avant 1830 : à cette époque, les relations entre Alger et le Saharâ étaient actives et nombreuses ; la
Régence, de son côté, faisait avec l'Europe un commerce d'é-
change assez important ; pourquoi donc les soieries du Touât
ne seraient-elles pas venues d'Alger ? Rien ne s'y opposait (2).

La Note nous apprend elle-même que « la plupart des épées

(1) Sinon les caravanes, au moins les marchandises, qui y sont colportées
par des tribus *commissionnaires*.

(2) Ebn-el-Dyn remarque que les armes des habitants d'El-Qoleya'h son t
« des épées, des *mousquets* et des lances. » (P. 6.)

El-Qoleya'h est une des principales stations placées sur la route d'Alger au
Touat, et à l'embranchement des routes d'El-Aghouath et de Tuggurt.

D'où venaient donc les mousquets des gens d'El-Qoleya'h avant 1830,
si ce n'est encore d'Alger, très-probablement ?

» dont se servent les Fellans, dominateurs actuels du centre de
» l'Afrique, sont fabriquées à Malte: » ce qui explique pourquoi elles portent la croix des anciens chevaliers. La Note ajoute
que « partout les armes européennes sont recherchées avec ar-
» deur, et qu'un voyageur affirme avoir vu à Djenné (sur le
» Niger) quelques fusils à la marque de Saint-Étienne. » Il faut
reconnaître que presque toutes ces armes (si ce n'est peut-être
les fusils de Djenné, qui seront venus par le Sénégal) sont ap-
portées dans le Soudân par les caravanes de Tripoli. Mais en
supposant que les épées de Malte et les autres marchandises de
fabrique anglaise continuent à suivre la route de Tripoli, nous demandons pourquoi les armes et les marchandises *françaises* n'ar-
riveraient pas à leur tour dans le Soudân, par la route d'Alger ?

C'est que la route de Tripoli est évidemment la plus courte,
répond M. de Lasteyrie. On le croirait, en effet, au premier
abord. Cependant il n'en est rien, parce que la route de
Tripoli ne court pas directement au sud : elle s'incline diago-
nalement par Ghadamès vers le Touât, où elle rencontre celle
d'Alger. De Tripoli au Touât, il y a 35 jours de marche ;
d'Alger au Touât, 32 ; avantage pour Alger, 3 jours ! Ce résultat positif, qui est en contradiction avec la plupart des idées
reçues, nous paraît bien digne d'attention (1).

Ainsi, nous croyons avoir démontré, d'une part, contre la

---

(1) D'Alger à El-Aghouath . . . . . 9 jours
D'El-Aghouath à Metslyli. . . . . 7 »
De Metslyli au Touât. . . . . . . 16 »
      Total. . . . . . 32 »
Du Touât à Ten-Bouktouc (Tombouctou) 35 »
      Total. . . . . . 67 jours de marche. Il y en a
                                70 par la route de Tripoli.

Une autre cause, suivant M. de Lasteyrie, explique la préférence que
les caravanes du nord de l'Afrique donnent à la route de Tripoli : c'est que
Ghadamès, dont elles font leur entrepôt, est *peu distante* de la mer.

Ghadamès est à plus de *quatre-vingts* lieues de la mer, et il faut pour s'y
rendre treize jours de marche !

commission des crédits supplémentaires, qu'il ne s'agit pas de déplacer le commerce de Tripoli et de Mogador, mais tout simplement de *replacer* le commerce d'Alger dans la situation avantageuse qu'il avait autrefois ; d'un autre côté, contre M. de Lasteyrie, qu'il n'est pas impossible de faire parvenir jusque dans le Soudân, et par une route *tout algérienne*, les divers produits de l'industrie européenne (1).

----

(1) La discussion des crédits supplémentaires s'est terminée d'une manière favorable à notre colonie d'Afrique, et le plan général du Gouvernement a obtenu l'approbation de la Chambre.

Deux points ont été établis : 1o c'est qu'il y avait avant 1830 un commerce d'échanges considérable entre le Tell et le Saharà septentrional ou algérien ; 2° c'est que ce commerce d'échanges se prolongeait, d'oasis en oasis, jusqu'à l'Afrique centrale.

Un troisième point seulement est resté obscur, bien qu'il nous semble tout aussi incontestable que les deux autres : c'est que la population, sur toute cette ligne, a suivi la marche du commerce lui-même.

D'après un honorable membre, qui a, du reste, vivement appuyé les crédits demandés, la population s'arrête à Metlili (Metslyli), ou plutôt à l'Ouàd-Mzab, « la dernière des oasis algériennes, située à cent trente ou » cent quarante lieues d'Alger. . . . après quoi commence le désert. . . . » c'est-à-dire l'absence totale de végétation : plus de fleuves, plus de rivières, » plus de ruisseaux, plus do puits, plus de population. Il y a encore des » voyageurs qui se dirigent de ce côté, mais *il n'y a plus d'habitants.* »

Nous avons lieu de croire que l'honorable M. de Beaumont a mal traduit sa pensée. Il sait mieux que personne que là où il n'y a plus d'habitants, il n'y a plus de voyageurs, plus de caravanes. Sans doute, à partir de Metlili, dernière porte de l'Ouàd-Mzab vers le désert, la population devient rare et disséminée. Mais qu'il n'y ait plus de ruisseaux, plus de puits, plus de végé-tation, plus d'habitants, c'est ce qu'on ne peut admettre, car après Metlili vous rencontrez El-Goleà (El-Qoleya'h), après El-Goleà, Temimoun, Aoulef, tout le Touàt enfin avec ses iles de verdure et ses fontaines d'eau courante (*).

Un officier du génie, M. le capitaine Carette, a publié sur ce sujet une

----

(*) Si M. de Beaumont a voulu dire que la domination française ne devait pas cher-cher à s'étendre au-delà de Metlili, limite extrême et incertaine de l'ancienne domi-nation turque, nous sommes de son avis, mais s'il a voulu dire que le désert ne

POST-SCRIPTUM.

25 Août-

Des documents nouveaux qu'on a bien voulu nous communiquer, démontrent toute l'importance de la question qui précède, et font regretter qu'il n'ait pas été possible de les placer assez à temps sous les yeux de la Commission des crédits supplémentaires. Il n'est plus douteux que des relations commerciales

excellente carte, qui a pu, cependant, contribuer à égarer M. de Beaumont (*). Cet officier distingué n'indique qu'une seule station (El-Goleâ), pour quinze jours de marche, entre Metlili et Temimoun dans le Touât. Il y en a douze, peu étendues et peu habitées assurément, mais toutes importantes comme lieux de repos pour le voyageur. Ebn-el-Dyn mentionne exactement celles qui ont des dattes et où l'on trouve des *puits* (**).

Quant aux oasis de Goleâ et de Touât, M. Carette en signale, comme

commençait que *là*, sa pensée n'est pas tout-à-fait exacte. Il y a, par exemple, un véritable désert entre El-Aghouath et Metlili. On y compte quatre stations, dont deux sans eau. A Metlili même, on n'a que l'eau des puits. « Le sol est montueux et » couvert de cailloux aigus qui coupent comme un couteau » (Ebn-el-Dyn, p. 4.)

Au-delà de Metlili, recommence le désert : à la cinquième station vous atteignez El-Goleâ (El-Qoleya'h) petit village très-commerçant, et ainsi de suite jusqu'au Touât.

(*) *Du commerce de l'Algérie avec l'Afrique centrale et les États barbaresques*, par E. Carette.

(**) « De Metslyli (Metlili) vous allez à El-Tsemâd en une journée. Il s'y trouve » beaucoup de puits. . . vous arrivez de là à El-Schârefâ, qui a un puits profond de » vingt coudées. . .

» D'El-Qoleya'h à Aoulân. . . Il y a des puits à cette station, et le pays produit » des dattes. . .

» D'Aoulân à El-Abmar. Il y a là un puits d'environ trente coudées de profondeur...

» A Temimoun, il y a des dattes, ainsi que d'autres fruits, et une grande abondance » d'eau. . . qui est amenée au centre de la ville par des conduits. . . » (Ebn-el-Dyn, p. 6 et suiv.)

d'une nature très-étendue n'aient existé autrefois et ne puissent se développer de nouveau entre le Tell algérien et les populations du Désert.

Ainsi aujourd'hui même à Alger, malgré la perturbation
qu'auraient dû jeter dans les affaires nos différends avec le
Maroc, jamais les transactions n'ont été plus actives et plus
nombreuses. « On voit arriver ici, nous écrit-on, des Arabes
» qui n'y étaient point venus trafiquer depuis 1830. C'est un

nous, toute l'importance. El-Goleâ est le grand entrepôt du commerce de la
régence d'Alger avec l'intérieur de l'Afrique : « C'est là, dit-il, que sont
» versés les produits du nord, portés à Metlili par les tribus algériennes »
(p. 25 et 26). Le Touât est l'entrepôt de tous les états barbaresques : c'est là
que se réunissent les voyageurs « qui, venus de Tripoli, de Tunis, d'*Alger* et
» de Maroc, se dirigent vers le Soudân. Aussi le fleuve commercial qui
» s'échappe de cette oasis est-il considérable » (p. 35).

Nous sommes heureux de pouvoir invoquer l'autorité de M. le capitaine
Carette sur une question qui intéresse au plus haut degré l'avenir de l'Algérie, et que nous croyons avoir examinée sous toutes ses faces. Ainsi, nous
avons dit que le commerce de l'Algérie avec l'Afrique centrale était fort actif
avant 1830 : M. Carette nous apprend que « la route d'Alger à Timbek-
» tou (*) (quoique aujourd'hui moins fréquentée à cause de la guerre) n'a
» jamais cessé d'être suivie par les négociants indigènes » (p. 37). Nous
avons dit que la route d'Alger au Touât était plus courte que celle de Tripoli, et la plus courte, par conséquent, pour atteindre Tombouctou : la carte
de M. Carette en donne la preuve, et nous y retrouvons toutes nos distances,
à un jour près (**). Enfin, nous avons dit qu'on pouvait faire pénétrer jusque
dans le Soudân, et par une route tout algérienne, les produits de l'industrie
européenne : M. Carette constate le même fait, et il ajoute que cette route algérienne sera encore plus courte que celle de Tunis, car « par une singulière
» coïncidence, les trois points obligés de Metlili, d'El-Goleâ et du Touât sont
» presque sur la ligne droite qui va d'Alger à Timbectou, tandis que la route
» de Tunis forme un coude prononcé à Ghedâmès, pour aller passer comme
» la première par l'oasis de Touât. » — Cela est donc évident : route plus
longue par Tripoli, route plus longue par Tunis, route plus courte par
Alger.

(*) Tombouctou, Ten-Boktouc (le puits de Boktouc).

(**) Sauf, toutefois, pour la route du Touât à Tombouctou, à laquelle M. Carette
n'assigne que vingt-cinq jours de marche. Mais c'est probablement une faute typo-
graphique, et il faut lire trente-cinq. La seule inspection du tracé l'indique.

» va-et-vient d'indigènes qui encombrent toutes les places,
» un pêle-mêle de marchands accourus de tous les points de la
» Régence. Nous avons des Bouçada, des Larbâ, des Laghouat,
» des Beni-Mozâb qui habitent à cent cinquante lieues
» d'Alger; nous avons un chef d'Ouerqelah, oasis plus éloi-
» gnée encore que celle des Beni-Mozâb, et fréquentée par les
» caravanes de l'Afrique centrale. Tous ces gens-là venaient
» bien acheter leurs grains dans le Tell, parce qu'ils ne peu-
» vent point se passer de blé, mais jusqu'à présent ils n'y
» achetaient pas autre chose. C'était Tunis, ou plutôt l'An-
» gleterre, qui leur fournissait tout le reste : cotonnades, in-
» diennes, soieries, aiguilles, bijoux, verroterie, socs de char-
» rue, épiceries, sucre, café, (1) etc. Mais cette année, c'est nous
» qui avons supplanté Tunis, et l'on ne peut prévoir quelles
» seront les conséquences de ce déplacement. Venus dans le
» Tittery, comme d'habitude, à la suite des tribus nomades,
» une foule de petits marchands sont descendus jusqu'à Alger
» pour y vendre leurs produits et pour s'y approvisionner. (2)»

Il en est de même à Oran, de même à Constantine. Dans
cette dernière province, le chef de Tuggurt sollicite la protection du Gouvernement. A l'exemple du chef puissant d'El
Aghouat, il reconnaît la souveraineté de la France. Voilà donc
encore un pas immense, car si notre influence règne à Tuggurt, comme elle règne à El-Aghouath, nous sommes les
maîtres, par cela seul, de tout le Saharâ algérien, et nous te-
nons en même temps quelques-unes des principales portes du
Saharâ central.

(1) Le café que l'on boit à El-Aghouath, celui que les Français ont acheté à Biskra et à Sidi-Oqba venaient de Tunis, où ils avaient été apportés par des navires *anglais* (E. Carette, *Du Commerce de l'Algérie*, p. 33.)

(2) La ville de Bouçada, dont il est ici question, fait des affaires très-impor-
tantes. C'est un lieu de dépôt et un marché permanent. Située à l'entrée du
petit Saharà, entre Constantine et Medeah, Bouçada est voisine, au nord, des
Kabyles, dont elle achète presque toutes les huiles, qu'elle expédie jusqu'au

Cette soumission du chef de Tuggurt s'explique facilement : tout fait croire qu'elle sera durable. Bien que Tuggurt soit une ville *d'abondance et de richesses* (1), son territoire ne produit presque pas de grains, à cause de l'extrême chaleur, et on ne peut s'en procurer que dans le Tell de Constantine ; nous pouvons donc affamer Tuggurt quand nous voudrons, puisque c'est nous seuls qui lui donnons le pain dont elle a besoin.

Le marché de Tuggurt est considérable.

Les Ouled-Naïl y amènent des chameaux, des moutons, de la laine, du beurre ; ils y achètent des dattes, des burnous et des étoffes de laine (haicks), désignées sous le nom de kissoua.

Les nomades de Constantine fournissent des *grains*, de la graisse, des légumes secs ; ils se procurent en retour des dattes et des kissoua.

Les gens de Souf, placés entre Tuggurt et Ghadamès, vendent des *soieries* et des *armes* de Tunis, des cotonnades, des étoffes de laine fine, des essences, des épices, des nègres ; ils prennent en échange des chameaux, des moutons, de la laine et du beurre.

Enfin, les Ouerqelah, les Miyoussa, tribus du sud, apportent de la poudre d'or, des chapeaux de paille pour les cavaliers, des esclaves noirs ; ils emportent du blé, du beurre et des kissoua.

Toutes ces tribus du sud trafiquent, à leur tour, avec les oasis plus méridionales d'El-Goleâ et de Touât, que traverse la route d'El-Aghouath à Tombouctou.

centre de l'Afrique ; elle est voisine, au sud, des Ouled-Naïl, et en reçoit les produits tunisiens, que cette grande tribu nomade va chercher à Tuggurt.

Cette année, les gens de Bouçada sont venus eux-mêmes à Alger. Ils ont acheté directement ce qu'ils n'avaient pu se procurer jusqu'ici que par des intermédiaires.

(1) *Hic* p. 27.

l.a guerre que nous avons faite pendant les dix premières années de notre conquête a interrompu, il est vrai, la plus grande partie de ce commerce, mais il tend évidemment à se rétablir. Le succès constant de nos armes depuis 1840, l'occupation de Biskra, suivie de la possession du Zâb, l'expédition plus récente encore d'El-Aghouath, tous ces évènements favorables ont donné aux indigènes une haute idée de notre puissance. On nous signale même, à cet égard, un fait bien significatif : des négociants de Constantine viennent de demander à M. le commandant supérieur l'autorisation de se rendre à Tuggurt ; ils ne doutent pas que nos produits nationaux ne puissent y lutter avec avantage contre les provenances tunisiennes. M. le duc d'Aumale s'est empressé d'acquiescer à leurs désirs, et tout se prépare, eu ce moment, par les soins vigilants du prince, pour cette grande exploration pacifique qui aura lieu au mois de novembre prochain (1).

C'était donc une heureuse pensée de l'administration de chercher à lier des relations commerciales avec les villes sahariennes d'El-Aghouath et de Tuggurt, pour nous mettre en communication, par leur intermédiaire «avec l'intérieur de l'Afrique» ; pensée tellement heureuse, en effet, que tandis qu'on la discutait à Paris et qu'on la blâmait comme impraticable, elle était déjà mise à exécution et presque réalisée sur les lieux !

(1) Le marché de Tuggurt se tient en hiver ; la chaleur est si ardente en été, qu'aucun étranger à cette époque ne peut vivre dans le pays. A Souf, la chaleur est encore plus forte, principalement dans le désert qui sépare cette oasis de la ville de Ghadamès. « La distance est de huit jours de marche… » et l'œil ne rencontre partout qu'une vaste étendue de sable. Le chacal, le » tigre et le lion ne viennent point ici à cause de la soif » *(Itinéraire d'Ebn-el-Dyn, p. 12.)*

Le lion n'y vient point, mais l'homme y vient, et le commerce avec lui. L'Ouady-Souf « peut fournir vingt mille hommes de guerre, des chevaux et » des *Meherrys* » *(Idem, p. 11.)*

31 Août.

Pendant qu'on imprime ces lignes , d'importants évènements s'accomplissent , et on nous annonce encore d'heureuses nouvelles : Tanger, Isly, Mogador ! Trois combats, trois victoires... Le temps nous manque pour retracer ces actions glorieuses, où tout le monde, chefs et soldats, a si bien fait son devoir ; mais nous en pouvons, du moins, constater dès à présent le résultat : *Le Maroc a été châtié, l'Algérie est restée soumise.* Tout cela s'est fait en quinze jours, par terre et par mer, et malgré de graves complications. Maintenant , que tout homme sage examine et juge (1).

(1) 6 août. — Bombardement de Tanger par Mgr le prince de Joinville.

14 août. — Victoire de l'Isly, remportée par M. le maréchal Bugeaud.

15 août. — Bombardement et prise de l'île de Mogador par Mgr le prince de Joinville.

Table.